문해력 놀이 30

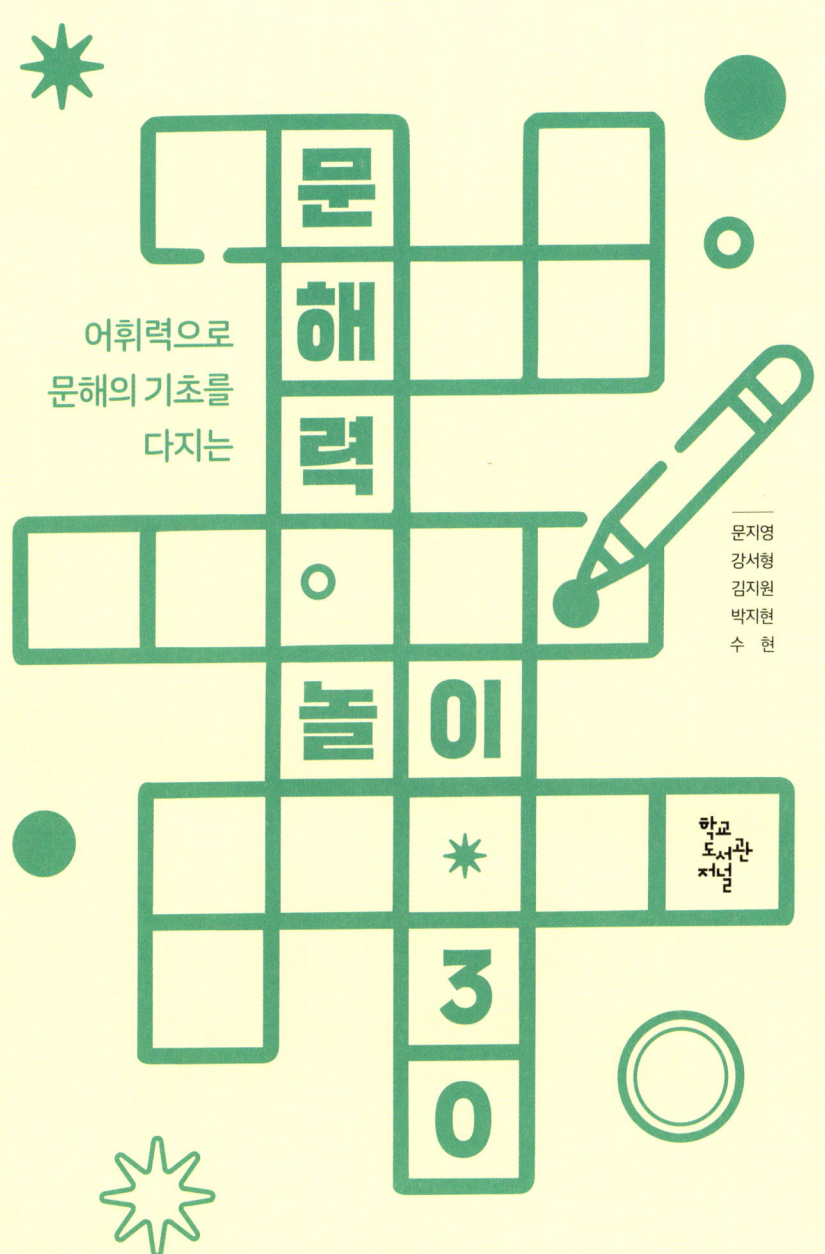

들어가며

문해력(Literacy, 文解力)은 "글을 읽고 이해하는 능력"을 말합니다. 우리나라의 문맹률은 0%에 가까운데, 문해력을 지속적으로 강조하는 이유는 무엇일까요? 바로 독해 능력 때문입니다. 아이들은 글을 읽지 못해서가 아니라, 읽은 내용을 이해하는 능력이 부족해서 어려움을 겪습니다. 이러한 이유로 교육 현장에서 문해력 교육을 통해 낱말과 문장의 '의미를 해석'하는 능력을 길러 주려는 것입니다.

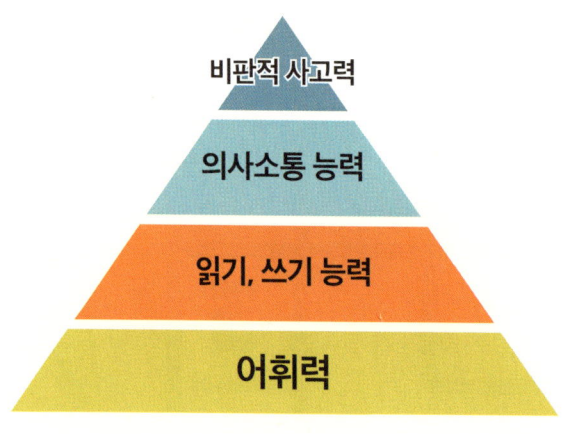

문해력 발달 4단계

문해력은 4단계를 거쳐 성장합니다. 문해력은 [읽기, 쓰기 능력]뿐만 아니라, [의사소통 능력]과 [비판적 사고력]까지 포함합니다. 지금까지는 모든 학습자가 시간이 지나면 자연스럽게 [비판적 사고력]이 생기는 것처럼 여겼지만 실제로는 그렇지 않습니다. 문해력은 단계별로 성장합니다. 결국 아이들이 글을 제대로 이해하려면 밑바탕을 이루는 '어휘력'이 탄탄하게 자리 잡혀야 하는 것입니다.

> **어휘력 부족으로 나타나는 문제점**
> ① 기초 학업 수준 저하
> ② 과제 수행에 대한 자신감 저하
> ③ 진로 선택에 제한이 생김

어휘력은 글을 읽고 이해하는 능력의 출발점입니다. 어휘력이 부족할 경우 나타나는 문제점을 자세히 살펴보면 이렇습니다. ① 기초 학업 수준의 저하가 발생합니다. 어휘력이 풍부한 아이들은 책 읽기가 수월하고, 자연스럽게 책에 흥미를 느낍니다. 마치 선순환처럼 어휘력도 점점 풍부해집니다. 반면, 어휘력을 제때 키우지 못한 아이들은 어쩔 수 없이 책과 멀어져 더 높은 단계의 어휘력을 키우기 어려워집니다. ② 과제를 수행하는 데 자신감이 저하됩니다. 학창 시절에 성적보다 중요한 것은 학습에 대한 자신감입니다. 학교에서 대부분 시간을 보내는 학생들은 과제를 수행하면서 자연스럽게 자신을 평가하게 됩니다. 이때, 아이들이 자신감을 얻기 위해서는 다양한 과목에 필요한 어휘력이 갖춰져야 합니다. ③ 진로 선택에 제한이 생깁니다. 새로운 분야를 탐색하기 위해서는 낯선 지식과 정보를 빠르게 습득하는 능력이 필요합니다. 평생 교육 시대에 아이들이 원하는 진로를 실현하기 위해서는 빠르게 정보를 이해하고 습득하는 문해력, 즉 근간이 되는 어휘력이 튼튼하게 자리를 잡아야 합니다.

필자 5명은 초등학교 현장, 특히 학교 도서관에서 다양한 아이들을 만나고 있습니다. 책을 좋아해서 교실보다 도서관을 사랑하는 아이들도 있지만, 책을 손에 쥐고도 한 페이지를 넘기기 힘들어하는 아이들도 있습니다. 이러한 현상을 보며 아이들이 책에 흥미를 느끼면서 어휘력을 키울 수 있도록 놀이 형식의 어휘력 성장 프로그램을 준비했습니다. 어휘력은 단기간에 성장하기 어려우므로 가랑비에 옷 젖듯 소소하고 꾸준한 노력이 필요하며, 디지털 세상의 빠르고 강렬한 자극에 익숙한 요즘 아이들을 위해 재미도 빠질 수 없습니다.

문해력 놀이의 매력
① 다양한 교과에 적용 가능
② 간단한 활동지로 즉시 활용 가능
③ 놀이 시간에 따라 유연하게 적용 가능

앞으로 이 책에서 소개할 놀이의 매력을 살펴보면 이렇습니다. ① 해당 교과에서 자주 쓰이는 어휘를 소재로 활용할 수 있습니다. 예를 들어, 새로운 단원에 들어가기 전, 아이들에게 생소할 수 있는 어휘를 놀이로 익힐 수 있습니다. ② 놀이에 필요한 활동지를 제공하여, 수업 준비 부담을 줄이고 현장 적용성을 높였습니다. ③ 실제 경험을 바탕으로 소요 시간과 유의점을 기재하여 각 교실 상황에 따라 적절한 놀이를 고를 수 있습니다.

어휘력 신장은 문해력 성장으로 이어지고, 문해력 성장은 곧 자발적 독서로 이어집니다. 부디 이 책을 통해 즐겁게 어휘력을 키우고, 문해력 증진의 선순환이 만들어지면 좋겠습니다. 아울러 사서교사로서 학교 도서관이 문해력 증진의 인큐베이터가 되면 좋겠습니다.

어느 가을, 학교 도서관에서

저자 일동

차 례

들어가며　　　　　　　　　　　　　　　　4

문해력 놀이 1단계: 낱말 익히기

01　와글와글 낱말　　　　　　　　　　　12
02　내 맘대로 퍼즐　　　　　　　　　　18
03　가로세로 낱말 지도　　　　　　　　21
04　낱말 땅따먹기　　　　　　　　　　　26
05　힘모아 낱말 퍼즐　　　　　　　　　31
06　쁘띠빠끄 초성 놀이　　　　　　　　34
07　낱말 도둑잡기　　　　　　　　　　　40
08　뒤죽박죽 앞 글자　　　　　　　　　45
09　초성의 달인　　　　　　　　　　　　49
10　123 초성 놀이　　　　　　　　　　　52

문해력 놀이 2단계: 낱말 잇기

01　이모지 책 수수께끼　　　　　　　　56
02　찰떡 낱말 왕　　　　　　　　　　　62
03　낙서를 기억해　　　　　　　　　　　67
04　구구절절 심봉사　　　　　　　　　　71
05　눈치코치 피노키오　　　　　　　　　76
06　못 찾겠다, 꾀꼬리!　　　　　　　　83
07　무궁화 낱말 꽃이 피었습니다　　　88

08 낱말 알까기	93
09 낱말 친구 찾기	98
10 낱말 텔레파시	103

문해력 놀이 3단계: 낱말 넓히기

01 동서남북 사자성어	110
02 짜장과 단무지	116
03 종을 울려라!	123
04 관용어 보석이 주렁주렁	130
05 문장부호 달리기	135
06 헷갈려! 우리말	142
07 뛰뛰대장	149
08 무지개 이야기 막대	154
09 AI 숨바꼭질	160
10 낱말 미로 탈출	166

[부록] 도서관 놀이

01 책 찾기 대작전	174
02 책 제목 꼬리잡기	180
03 내 맘대로 전기수	184
04 짜깁기 소설가	189
05 책 탐정 놀이	194

문해력 놀이 1단계
낱말 익히기

다양한 낱말을 시각적으로 인식하는 놀이입니다. 아이들은 낱말의 뜻을 정확하게 모르더라도 소리 내어 반복적으로 읽으면서 낱말의 형태에 익숙해집니다. 이는 책을 읽고 내용을 이해하는 능력의 토대가 됩니다. 책 속에 익숙한 낱말이 많을수록 이해력과 사고력이 깊어지고, 결과적으로 독서의 흐름이 원활해져 집중력이 강해집니다. 1단계는 단순한 놀이지만 다양한 낱말을 눈으로 익히는 데 효과적입니다. 읽기 전 활동으로 적절합니다.

01
와글와글 낱말

▲ 도움 PPT

보드게임 도블(dobble)을 변형한 낱말 놀이입니다. 처음 접하는 낱말과 빠르게 친밀해질 수 있습니다. 낱말을 찾을 때는 꼭 소리 내어 말해야 하는데, 정확한 뜻을 모르더라도 일단 낱말과 친숙해지도록 하는 것입니다. 시각적으로 반복해서 접한 정보는 생소한 정보에 비해 빠르게 인식되고 처리됩니다. 이는 결과적으로 독서의 흐름을 원활하게 하는 데 도움을 줍니다.

○ 놀이 정보 한눈에 보기

대상	초등학교 1학년 이상
대형	모둠 활동(4~5명)
성취기준	[2국02-01] 글자, 단어, 문장, 짧은 글을 정확하게 소리 내어 읽는다. [4국04-01] 단어와 단어 간의 의미 관계를 파악한다. [6국04-06] 글과 담화에 쓰인 단어 및 문장, 띄어쓰기를 민감하게 살펴 바르게 고치는 태도를 지닌다.
준비물	낱말 카드, 국어사전

○ 준비하기

낱말 카드는 '도블 카드 제작 사이트'를 이용하여 만들 수 있습니다. 단, 텍스트 입력 기능이 없어서 낱말마다 이미지 파일을 만들어서 올려야 합니다. 도블은 2장의 카드를 아무거나 골라도 반드시 공통된 낱말이 1개만 나오도록 설계되어 있습니다. 그러므로 낱말 57개를 이미지로 만들면, 한 장에 8개의 낱말이 들어간 카드를 여러 장 제작할 수 있습니다(낱말 이미지를 제작할 땐 흰색 배경을 추천합니다).

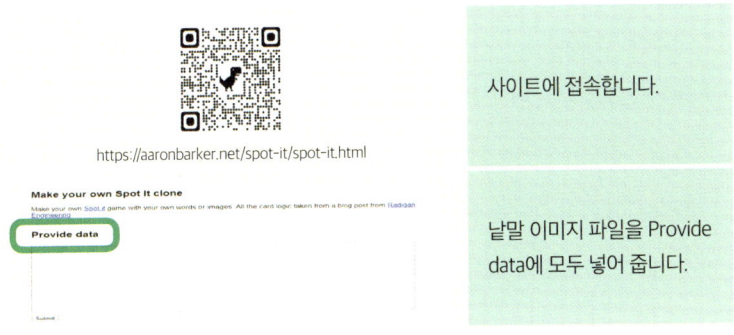

https://aaronbarker.net/spot-it/spot-it.html

사이트에 접속합니다.

낱말 이미지 파일을 Provide data에 모두 넣어 줍니다.

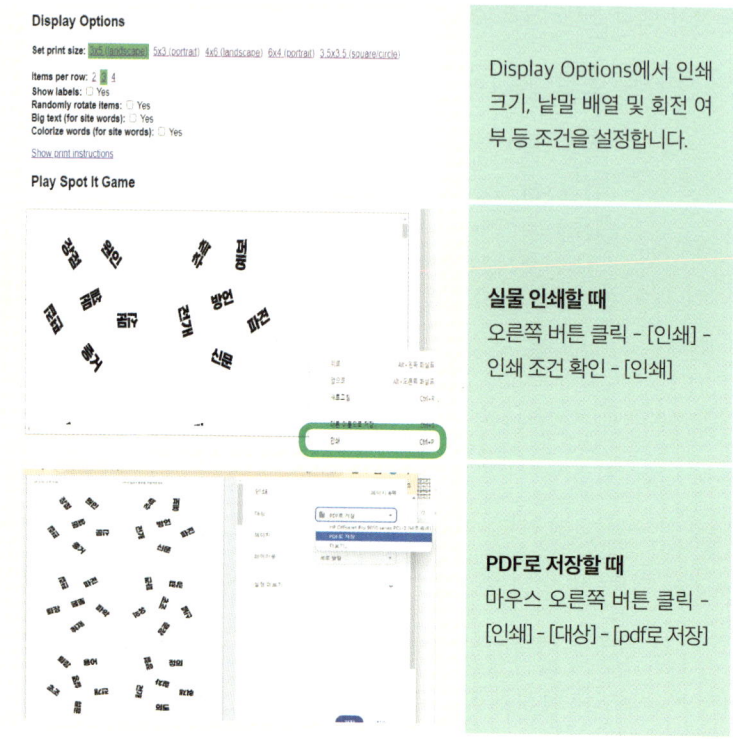

워드 도블 생성 방법

○ 놀이 방법

- 기본 놀이 방법

    ❶ 카드를 잘 섞은 뒤, 1장씩 뒤집어서 모둠원에게 나누어 줍니다.

    ❷ 남은 카드는 앞면을 위로 하여 중앙에 쌓아 둡니다.

    ❸ 동시에 자기 카드를 뒤집고, 중앙 카드 더미 맨 위의 카드와 자신의 카드를 비교하여 같은 낱말을 찾아 외칩니다.

❹ 가장 먼저 외친 사람이 카드를 획득합니다.

❺ 같은 방식으로 카드 더미가 모두 없어지면 게임이 종료됩니다.

❻ 가장 많은 카드를 가진 사람이 승리합니다.

- 변형 놀이 방법 1: 얼른 버려

    ❶ 카드를 잘 섞은 뒤, 카드를 동일하게 나누어 줍니다(예: 1인당 10장씩).

    ❷ 남은 카드는 중앙에 놓습니다.

    ❸ 각자 뒷면이 보이게 들고 있던 카드를 뒤집고, 중앙의 카드와 비교하여 같은 낱말을 찾아 외칩니다.

    ❹ 가장 먼저 외친 사람이 카드를 중앙 카드 더미에 버립니다.

    ❺ 중앙에 버려진 카드와 비교하여 다시 같은 낱말을 찾아 외칩니다.

    ❻ 같은 방식으로 본인의 모든 카드를 가장 먼저 버리는 사람이 승리합니다.

- 변형 놀이 방법 2: 친구야 미안해

    ❶ 카드를 잘 섞은 뒤, 1장씩만 나누어 줍니다.

    ❷ 남은 카드는 중앙에 앞면을 위로 하여 쌓아 둡니다.

    ❸ 진행자가 놀이 시작을 알리면 주변 다른 참여자들의 카드와 더미 카드를 비교해서 같은 낱말이 있으면 외칩니다. 그다음 더미에서 카드를 가져온 뒤, 해당 카드와 같은 낱말의 카드를 가진 다른 참여자에게 줍니다.

    ❹ 같은 방식으로 반복하여 더미의 카드가 모두 없어졌을 때, 카드를 가장 적게 가진 사람이 승리합니다.

○ 놀이하기

초등학교 3~4학년을 대상으로 '초등 교과 기본 낱말'을 가지고 놀이할 수 있습니다. 『교과서 옆 개념 잡는 초등교과어휘 사전』(주니어김영사, 2020)을 활용하여 학년별 교과 필수 낱말을 소재로 삼았습니다. 선정하는 낱말 수준은 학년별, 교과별로 나눌 수 있습니다.

놀이를 반복하여 낱말에 익숙해지면, 낱말의 뜻을 알아보는 활동으로 확장합니다. 한 모둠에서 자신들이 처음 보거나, 뜻을 정확하게 모르는 낱말을 발표하면, 다른 모둠에서 그 낱말의 뜻을 유추합니다. 제대로 유추한 모둠에 점수를 주는 방식으로 참여를 유도할 수 있습니다. 사전을 펼치기 전에 자기 나름대로 낱말 뜻을 먼저 유추하면 문해력이 크게 향상됩니다. 이해되지 않는 문장이 있을 때, 앞뒤 문장을 살펴 해석하는 능력을 키울 수 있고, 글의 전체적인 맥락을 빠르게 이해할 수 있습니다. 또한, 알고 있던 비슷한 뜻의 낱말이 함께 인출되고, 이것이 한 덩어리로 묶여서 낱말이 더 오래 기억됩니다.

사전을 이용하는 활동은 3학년 이상 아이들과 할 수 있습니다. 아는 단어라고 생각했지만, 사전에서 새로운 의미를 발견하는 경우가 종종 있습니다. 예를 들어, '노약자'의 뜻을 물어보았을 때, 아이들 대부분이 노인, 즉 할머니, 할아버지를 일컫는 말이라고 대답했습니다. 하지만 사전은 '늙거나 약한 사람, 예를 들면 늙은이, 어린이, 몸이 불편한 사람'이라고 정의합니다. 이로써 아이들은 대중교통의 '노약자석'은 어린이도 앉을 수 있는 자리임을 알게 됩니다.

○ 유의 사항

- 낱말을 최소 31개 이상 넣어야 카드 1장에 6개 이상 낱말을 넣을 수 있습니다.
    - 31개의 낱말 이미지: 카드 1장당 6개의 낱말
    - 57개의 낱말 이미지: 카드 1장당 8개의 낱말
- 기존 도블 카드 모양으로 제작하고 싶다면 다음과 같이 설정합니다.
    - Set print size(인쇄 크기 설정): 3.5*3.5(square/circle) 클릭
    - Randomly rotate items(항목을 무작위로 회전) 체크
- '원 커터기'를 활용하면 카드를 원형으로 쉽게 자를 수 있습니다.

참고자료

중앙다문화교육센터 (https://www.edu4mc.or.kr/notice/center.html)
[다문화교육포털] → [자료실] → [센터발간자료]에서 2002번 자료 「초등 사회과 보조교재(사회 교과 속 어휘와 만나요) 한국어」를 활용하면 낱말 선정에 도움이 됩니다.

국가기초학력지원센터 (https://k-basics.org/user/studyList.do?menuSeq=666)
[기초학력 학습자료] → [초등학교] → [국어]에서 「한 걸음 더 초등 어휘력」을 활용하면 낱말 선정에 도움이 됩니다.

『교과서 옆 개념 잡는 초등교과어휘 사전』 (주니어김영사, 2020)
전 과목 교과서에 걸쳐 출현 빈도수가 높은 한자어 낱말 중, '교육부 선정 교육용 한자'를 뽑아 아이들 눈높이에 맞게 입말체로 설명한 책입니다.

02
내 맘대로 퍼즐

▲ 도움 PPT   ▲ 활동지

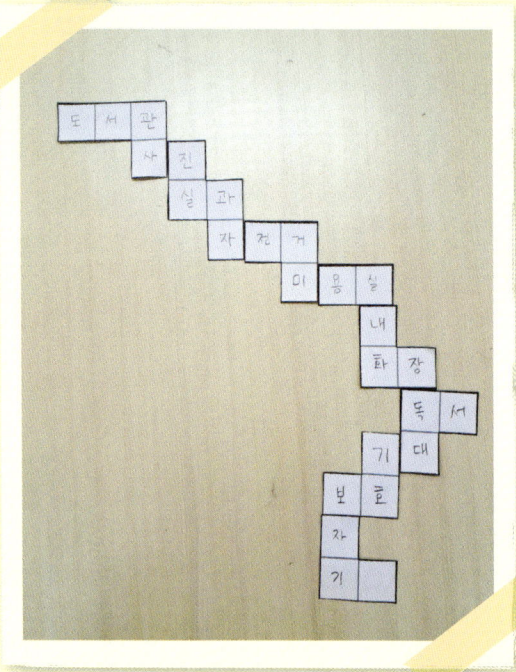

조각을 자유롭게 조합하여 퍼즐을 완성하는 놀이입니다. 제한된 퍼즐 조각을 다양하게 조합하면 낱말들이 기억에 오래 남고, 뜻을 유추하면서 어휘력이 자연스럽게 향상됩니다. 또한 모둠원과 함께 낱말을 찾는 과정에서 협동심도 길러집니다.

○ 놀이 정보 한눈에 보기

대상	초등학교 2학년 이상
대형	모둠 활동(4명)
성취기준	[2국02-01] 글자, 단어, 문장, 짧은 글을 정확하게 소리 내어 읽는다. [4국04-01] 단어와 단어 간의 의미 관계를 파악한다. [4국04-02] 단어를 분류하고 국어사전을 활용하여 능동적인 국어 활동을 한다.
준비물	퍼즐 조각, 사인펜, 지우개

○ 준비하기

모둠별 퍼즐 조각을 서로 다른 색으로 준비하면, 모둠끼리 퍼즐이 섞이는 것을 방지하고 보관도 용이합니다. 처음부터 색지에 프린트해도 좋고, 파일상에 색을 입혀서 컬러 프린트를 해도 좋습니다. '손코팅 필름'으로 코팅하면 더 좋습니다. 퍼즐이 준비되면 자유롭게 자릅니다. 한 칸부터 십(+)자 모양, 니은(ㄴ)자 모양, 기역(ㄱ)자 모양, 일(ㅣ)자 모양 등 다양한 조각을 준비합니다.

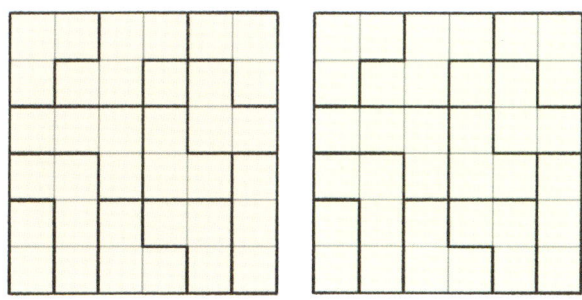

퍼즐 조각 시안

○ 놀이 방법

① 모둠은 4인 1조로 구성합니다(학생 수에 따라 조정할 수 있습니다).

② 퍼즐 조각을 모둠별로 나누어 줍니다.

③ 선생님이 첫 번째 낱말을 제시합니다.

④ 모둠원은 제시된 낱말의 글자 수에 맞는 퍼즐 조각을 선택합니다.

⑤ 무작위로 한 글자를 골라 해당 글자로 시작하는 새로운 낱말을 조각 위에 적고 퍼즐을 연결합니다.

⑥ 이 과정을 반복하여 가지고 있는 모든 조각을 사용해 하나의 가로세로 퍼즐을 완성합니다.

⑦ 가장 먼저 퍼즐을 완성한 모둠이 승리합니다.

○ 놀이하기

아이들에게 퍼즐 조각과 사인펜, 지우개를 나눠 주고, 놀이 방법을 안내합니다. 선생님이 먼저 시범을 보여도 좋습니다. 다만, 시범을 보이더라도 놀이를 시작하면 혼란스러워하는 아이들이 있으니 첫 번째 낱말은 선생님이 제시하는 게 좋습니다. 〈사회〉 시간에 학습했던 '아시아', '자선단체' 같은 낱말이나, 평소 잘 쓰지 않는 사자성어를 사용하기도 했습니다. 놀이가 시작되면 퍼즐 조각을 이리저리 움직이며 낱말을 떠올립니다. 특히 제한된 조건에서 낱말을 완성하다 보니, 모둠원끼리 서로의 지식을 공유하며 다양한 낱말을 인출하려는 모습이 인상 깊었습니다.

03
가로세로 낱말 지도

▲ 도움 PPT

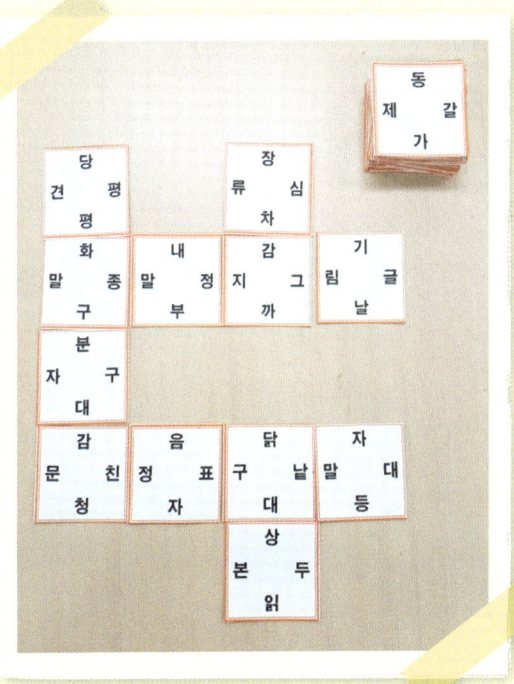

사각형 모양의 카드에 낱글자 4개로 만든 '타일'을 연결하여 블록을 만드는 놀이입니다. 낱글자들을 다양하게 조합하게 함으로써 낱말 경험을 지속적으로 상기시키고, 새로운 낱말에 대한 생소함을 줄여 줍니다.

○ 놀이 정보 한눈에 보기

대상	초등학교 1학년 이상
대형	모둠 활동(4~5명)
성취기준	[2국02-01] 글자, 단어, 문장, 짧은 글을 정확하게 소리 내어 읽는다. [2국04-01] 한글 자모의 이름과 소릿값을 알고 정확하게 발음하고 쓴다. [2국04-02] 소리와 표기가 다를 수 있음을 알고 단어를 바르게 읽고 쓴다. [4국04-02] 단어를 분류하고 국어사전을 활용하여 능동적인 국어 활동을 한다.
준비물	낱글자 타일 카드, 수 세기 칩

○ 준비하기

활동 자료를 만들기 전에 주제를 먼저 정합니다. 학년별 교과 기본 어휘나 교과서를 참고하여 만들어도 됩니다. 그림책 읽기 또는 온작품 읽기의 독후 활동으로 진행해도 좋습니다. 2글자 낱말만 활용할 수 있으며, 놀이에 쓰일 낱말의 난이도는 학년별, 교과별로 나눌 수 있습니다.

　글자 타일은 문서 프로그램의 [표 만들기]를 활용하여 만듭니다. 9칸짜리 표를 만들어 네 변 중앙에 낱글자를 넣습니다. 막상 놀이가 진행되면, 제작할 때 의도했던 것보다 창의적인 낱말이 나오는 경우가 많기에 무작위로 글자를 넣어도 상관없습니다. 초등 저학년은 여러 낱말에 쓰이는 글자, 즉 '이, 자, 사, 가' 등 받침이 없는 글자를 넣어야 더 흥미를 느낍니다. 모둠별로 카드 색깔을 다르게 만들면 활동 이후에 보관하기 좋습니다.

내말탁하실	복리정까닭	글용연습수행	과돈어휘학칠
감문친청	동구국반	판어적	요중
소실공칭	성부공인	정종이	가대

찬바글	사격정일	화험기	지
감지까	기그림날	분자대	구
구닭날대	자말대등	상본읽	두
화일대놀	장본인모	기물소	자

낱글자 타일 카드 예시

낱말이 완성될 때마다 '수 세기 칩'을 하나씩 가져가게 하면 아이들이 더 큰 재미를 느끼므로, 수 세기 칩을 넉넉하게 준비하여 카드와 함께 보관하면 좋습니다.

낱글자 타일 카드와 수 세기 칩

가로세로 낱말 지도

○ 놀이 방법

① 모둠끼리 앉은 책상 중앙에 카드 더미와 수 세기 칩을 둡니다.
② 놀이 시작 전에 카드 1장을 바닥에 내려 둡니다.
③ 모둠원들이 순서를 정해 1명씩 카드를 뒤집고, 글자 카드를 연결해 낱말을 완성합니다.
④ 사각형의 네 변을 자유롭게 이용하여 낱말을 완성합니다.
⑤ 성공하면 수 세기 칩을 하나씩 가져갑니다.
⑥ 가장 많은 칩을 모은 사람이 승리합니다.

○ 놀이 하기

초등학교 3~4학년을 대상으로 「초등 교과 어휘 사전」을 가지고 놀이해 보았습니다. 1~2학년을 대상으로 놀이할 경우에는 함께 읽은 그림책이나 교과 기본 어휘를 활용할 수 있습니다.

  놀이를 진행하다 보면, 아이들 사이에 이 낱말이 사전에 있는 말인지 아닌지 의견 충돌이 생길 때가 있으므로, 국어사전을 곁에 두고 진행하면 좋습니다. 놀이를 시작하기 전, 국어사전에 등재된 단어만 쓰는 규칙을 정해야 아이들끼리도 매끄럽게 놀이를 진행할 수 있습니다.

  몇 번 반복하여 낱말에 익숙해졌다면, 낱말의 뜻을 맞히는 모둠 놀이로 확장합니다. 모둠별로 1회씩 문제 낼 기회를 주어, 놀이에서 다룬 낱말 중 가장 어려운 낱말을 퀴즈로 낸 뒤, 낱말의 뜻을 가장 먼저 맞히는 모둠에 점수를 줍니다. 퀴즈를 내기 전에 모둠원끼리 어려운 낱말을 선

타일을 맞추며 놀이하는 모습

정하는 과정에서 어휘력이 향상됩니다.

  놀이하는 모습을 살펴보면, 모둠원 중에 책을 많이 읽은 학생이 놀이를 주도하는 경우가 많습니다. 하지만 평소 독서량이 부족한 학생이라도, 놀이에 적극적으로 참여하다 보면 새로운 낱말을 접하고 활용하는 경험을 쌓을 수 있습니다. 그 결과로 다양한 낱말을 구사하며 효능감이 높아지고, 자연스럽게 어휘력이 증진됩니다.

04
낱말 땅따먹기

▲ 도움 PPT   ▲ 활동지

기존 땅따먹기 놀이에서 착안한 놀이입니다. 100칸짜리 표와 서로 색이 다른 사인펜 4자루만 있으면 할 수 있습니다. 개인의 언어 경험과 어휘력을 최대한 발휘하여, 길고 복잡한 낱말을 적극적으로 활용하는 게 유리하므로 어휘력의 폭과 깊이를 동시에 확장할 수 있습니다.

○ 놀이 정보 한눈에 보기

대상	초등학교 3학년 이상
대형	모둠 활동(2~4명)
성취기준	[4국04-01] 단어와 단어 간의 의미 관계를 파악한다. [4국04-02] 단어를 분류하고 국어사전을 활용하여 능동적인 국어 활동을 한다.
준비물	100칸짜리 표가 그려진 활동지, 보드마카(4가지 색)

○ 준비하기

먼저 정사각형의 게임판이 필요합니다. 아이들의 글씨 크기를 고려해 만들 수 있는 가장 적합한 활동지는 A4용지 기준 100칸(10*10)으로 나눈 정사각형 표입니다. 더 큰 용지를 활용한다면, 칸수는 더 늘어나겠죠? 칸수가 늘어날수록 더 긴 시간 동안 풍성한 놀이가 됩니다.

활동지가 만들어졌다면, 정사각형으로 오려 코팅합니다. 그 위에 낱말을 쓰기 위한 서로 다른 색의 보드마카 4자루를 준비합니다. 작은 칸 안에 글자를 써야 하므로 촉이 얇아야 합니다. 만약, 코팅하지 않았다면 보드마카 대신 볼펜을 준비해도 좋습니다.

활동지와 보드마카 4자루

○ 놀이 방법

아이들 마음대로 낱말을 연결하는 놀이입니다. 많은 낱말을 기억하고 연결하는 것이 목적이므로, 과도한 제한을 두지 않는 것이 좋습니다.

❶ 활동지를 중앙에 두고 서로 다른 색의 보드마카 4자루를 나누어 가집니다.
❷ 사각형 각 꼭짓점을 시작점으로 하여, 낱글자를 하나씩 선택합니다. 시작하는 낱말 하나를 아예 진행자가 정해도 됩니다.
❸ 순서를 정해 1명씩, 선택한 낱글자로 시작하는 낱말을 가로, 세로, 대각선 등으로 자유롭게 배치하여 자신의 낱말 땅을 넓힙니다.
❹ 모든 칸에 낱말이 채워지면 끝납니다.

❺ 만약 빈칸이 남았는데 자기 순서에 더 채울 낱말이 없다면 순서를 넘깁니다.
❻ 각자 글자 수를 세어 가장 많은 칸을 차지한 사람이 승리합니다.

○ 놀이하기

초등학교 5~6학년 아이들과 놀이해 보았습니다. 처음 시작 낱말을 선생님이 제시했습니다. 모두가 공평하게 진행할 수 있도록 "가나다라"를 제시했더니 수월하게 시작되었습니다.

첫판은 방법을 익히느라 낱말을 연결하는 데만 급급하지만 몇 번 반복하면, 내 땅을 어떻게 넓힐 수 있는지 전략을 짜기 시작합니다. 길이가 긴 낱말을 찾아내거나, 대각선을 이용하는 등 자신만의 공격 방법을 찾아냅니다. 따라서 판이 거듭될수록 재미있어하며, 자기들이 짠 전략이 먹히면 쾌감도 느낍니다.

이 놀이의 가장 큰 특징은 아이들에게 익숙한 낱말을 활용하게 한다는 점입니다. 원래 끝말잇기는 다음 사람이 더 이상 낱말을 잇지 못하도록 어려운 낱말을 제시해야 하지만, 땅따먹기 놀이는 내 땅을 넓히는 것이 목적이기 때문에 놀이를 이어 나가기 쉽도록 낯익고 보편적인 낱말을 찾아야 합니다.

○ 유의 사항

- 명사만 활용합니다(형용사, 문장 등은 안 됩니다).
- 고유명사는 제외합니다.
- 중간 글자를 이을 수 있습니다. 예를 들어, '소나기'를 썼을 경우 '기'로 시작하는 낱말만 되는 것이 아니라 '소'나 '나'로 시작하는 낱말을 연결해도 됩니다.
- 가로, 세로, 대각선으로 이을 수만 있다면 낱말을 역순으로 써도 됩니다.

참고자료

8색 화이트보드 마카펜 세트 자석 지우개 보드 마카
펜촉 두께가 글씨 쓰기에 적합하며, 펜 전체 크기가 작고 얇아 보관도 용이합니다. 펜 끝에 지우개도 달려 있어 유용합니다.

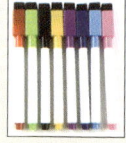

투고비 화이트보드 자석 마카펜 8색 세트
펜 끝에 달린 스펀지 지우개 기능이 특히 뛰어나고, 두께나 모양이 놀이에 활용하기도 적당합니다. 보관함도 함께 있어 정리하기 좋습니다.

05
힘모아 낱말 퍼즐

▲ 도움 PPT

아이들에게 친숙한 독서 퍼즐을 응용하여 낱글자만 가지고 퍼즐을 맞추는 놀이입니다. '힘모아'라는 이름처럼 모둠원이 서로 협력하여 낱말을 완성해야 합니다. 이를 통해 어휘력과 협동심을 기를 수 있고, 낱글자의 소릿값과 뜻을 연결하면서 언어적 규칙을 자연스럽게 익힐 수 있습니다.

○ 놀이 정보 한눈에 보기

대상	초등학교 1학년 이상
대형	모둠 활동(4~5명)
성취기준	[2국02-01] 글자, 단어, 문장, 짧은 글을 정확하게 소리 내어 읽는다. [2국04-01] 한글 자모의 이름과 소릿값을 알고 정확하게 발음하고 쓴다. [2국04-02] 소리와 표기가 다를 수 있음을 알고 단어를 바르게 읽고 쓴다.
준비물	활동지, 낱글자 카드

○ 준비하기

먼저 퍼즐 판 모양의 활동지를 만들어야 합니다. 채울 낱말은 함께 읽은 책이나, 학습한 교과 내용 중에 찾을 수 있습니다. 또는 '교과 기본 어휘' 처럼 학년에 맞는 기본 낱말로 만들어도 좋습니다.

모둠별로 비슷한 수준의 다른 놀이 세트가 있다면 모둠 대항 놀이가 가능합니다. 4개 모둠이라면 4개의 다른 놀이 세트를 만듭니다. 활동지는 흰색 칸과 검은색 칸으로 나뉘는데, 흰색 칸에만 글자 카드가 들어갑니다. 각 칸은 글자 카드가 들어갈 만한 크기로 만들고, 전체 활동지 크

낱말 퍼즐 예시

기는 놀이에 쓸 낱말 수를 고려합니다. 놀이에 쓸 낱말은 서로 같은 글자가 어느 정도 겹치는 것으로 선정하여 난이도를 조절합니다(예: 일기-기찻길-길거리-거북이…). 또한, 도서관 행사에 활용할 때는 큰 퍼즐 판을 만들어 모둠 대항 놀이를 해도 좋습니다. 벨크로 스티커를 활용하여 탈부착 가능한 판을 만들면, 오랫동안 재사용할 수 있습니다.

○ 놀이 방법

1. 모둠별로 퍼즐 판과 낱글자 카드를 전부 나누어 줍니다.
2. 놀이가 시작되면 첫 낱말과 이어지도록 낱글자를 요리조리 돌려 새로운 낱말을 완성합니다.
3. 퍼즐을 완성한 모둠은 손을 들어 표시합니다.
4. 가장 먼저 완성한 모둠에 점수를 줍니다.

○ 놀이 하기

5월에 진행하는 '학교 놀이 한마당'에서 전교생을 대상으로 놀이 하였는데, 4개의 서로 다른 대형 퍼즐 판을 만들고 반별 대항 놀이를 진행하였습니다. 저학년부터 고학년까지 모두 참여하는 놀이라 도서관에서 찾을 수 있는 낱말을 가지고 퍼즐 판을 만들었는데, 힌트가 없으니 아이들이 쉽게 풀지 못했습니다. 아이들의 수준을 고려하여 몇 개의 힌트를 알려 주거나, 가장 어려운 낱말을 미리 공개하는 등 참여자의 어휘력을 고려하면 더 즐거운 놀이를 할 수 있습니다.

06
쁘띠빠끄 초성 놀이

 ▲ 도움 PPT
 ▲ 활동지

쁘띠빠끄는 프랑스의 국민 놀이입니다. 다양한 주제의 낱말을 재빠르게 인출하는 과정에서 문제 해결 능력과 창의적 사고 능력이 향상됩니다. 또한, 모둠 활동을 통해 서로 배우는 과정은 협력의 중요성뿐만 아니라 의사소통 능력을 자연스럽게 향상시킵니다.

○ 놀이 정보 한눈에 보기

대상	초등학교 3학년 이상
대형	모둠 활동(4명)
성취기준	[2국05-01] 말놀이, 낭송 등을 통해 말의 재미와 즐거움을 느낀다. [4국04-01] 단어와 단어 간의 의미 관계를 파악한다.
준비물	활동지, 종(핸드벨)

○ 준비하기

모둠별로 활동지를 1장씩 나눠 줍니다. 다회 이용이 필요한 경우, 코팅을 해도 좋습니다.

○ 놀이 방법

- 기본 놀이 방법

  ❶ 자음을 1개 정하고 활동지에 적습니다.

  ❷ 그 뒤로 주어진 자음으로 시작하면서 주제에 맞는 낱말을 적습니다.

  ❸ 다 적었다면 종(핸드벨)을 울립니다. 가장 먼저 종을 울린 모둠이 선공권을 가져갑니다. 만약 종이 없다면 손을 드는 방식으로 진행할 수 있습니다.

  ❹ 선공하는 모둠에서 자신들이 원하는 주제를 고르고, 제시된 자음으로 시작하는 낱말을 말합니다. 만약, 다른 모둠이 적은 낱말과 겹치지 않으면 선공한 모둠이 1점을 받습니다. 하지만 다른 모둠에서 같은 낱말을 썼다면 그 모둠이 점수를 받게 됩니다.

❺ 낱말이 겹치지 않았으면 순서대로 돌아가면 되고, 낱말이 겹쳤다면 그 낱말을 쓴 다른 모둠이 공격권을 가집니다. 이전 방법을 반복하며 점수를 받거나, 공격권을 다른 곳으로 넘길 수 있습니다. 만약, 겹친 낱말을 쓴 모둠이 여럿이라면 가위바위보로 공격 순서를 정합니다.

❻ 점수가 가장 높은 모둠이 승리합니다.

- **변형 놀이 방법**: 쁘띠빠끄 도서관 놀이

❶ 자음을 1개 정해 아이들에게 알려 줍니다.

❷ 각 모둠은 주어진 자음으로 시작하는 책 제목을 대분류 기호에 맞춰 도서관 서가에서 찾습니다. 단, 한번에 모둠원 전체가 움직이지 않고, 1~2명씩 번갈아 돌아다니며 책 제목을 기억해 옵니다.

❸ 제한 시간(약 10~30초) 내에 각 모둠은 기억을 되살려 자신이 보고 온 책 제목을 활동지에 적습니다.

❹ 다 적으면 종을 울립니다. 가장 먼저 종을 울린 모둠이 공격권을 얻습니다.

❺ 먼저 공격하는 모둠에서 자신들이 정한 책의 대분류 기호와 책 제목을 말합니다. 만약, 다른 모둠이 정한 책과 겹치지 않으면 공격한 모둠이 1점을 받습니다. 하지만 책이 겹친다면 해당 모둠이 점수와 공격권을 얻게 됩니다.

❻ 이 과정을 반복하여 마지막에 점수가 가장 높은 모둠이 승리합니다.

○ 놀이하기

초등학교 5학년 아이들을 대상으로 놀이해 보았습니다. 놀이를 시작하기에 앞서, 이해를 돕기 위해 쁘띠빠끄 관련 영상(유튜브 tvN Joy 채널 〈문제적남자〉 122편 참고)을 시청했습니다. 먼저 동물, 식물, 음식, 스포츠, 연예인 등 일반적인 주제로 연습 게임을 진행했습니다. 주제를 정할 때 범위를 한정하는 것이 좋습니다. 예를 들어, 스포츠라고 하면 '숨쉬기 운동'을 말하기도 하고, 음식이라고 하면 '물, 쌀'처럼 너무 큰 범주를 말하는 아이들도 있습니다. 그러므로 '올림픽 정식 종목', '조리되어 있어 바로 먹을 수 있는 음식'처럼 범위에 제한을 두어야 합니다. 만약 주제를 한정하기 애매하다면 사자성어, 속담 등으로 시작해도 좋습니다.

주제가 정해지면 먼저 초성 하나를 제시하여 해당 초성으로 시작하는 낱말을 적도록 합니다. 제일 빨리 칸을 채운 모둠에 선공권이 돌아가므로, 모든 칸을 채운 즉시 손을 번쩍 들도록 했습니다. 놀이를 진행하다 보면 아이들은 빈칸을 빨리 채우기보다 다른 모둠에서 쓰지 않았을 법한 낱말을 채우는 게 더 유리하다는 점을 터득합니다.

자음/주제	동물	식물	사자성어	스포츠	책 제목	나라 이름
ㅈ	재규어	조팝나무	조삼모사	조정	조금만, 조금만 더	자메이카

초성으로 'ㅈ'이 주어졌을 때 예시

놀이 중에 아이들이 주제에 맞는 낱말을 제시하는지, 맞춤법에 어긋나지 않는지 확인해야 합니다. 간혹 빠르게 채우는 데만 집중하여 잘못된 낱말을 쓴 경우가 있습니다. 이럴 때는 다른 모둠에 기회를 줍니다.

순서는 공정성을 위해 선생님과 가위바위보를 하여 정하면 좋습니다. 또한, 한 모둠에서 말한 낱말이 다른 모둠에서 쓴 낱말과 겹치는 경우가 있습니다. 한 모둠만 겹쳤다면 문제가 되지 않지만, 해당 낱말을 여러 모둠에서 썼다면 다른 방법으로 공격권을 넘겨야 합니다. 한 번도 공격해 본 적 없는 모둠에 줄 수도 있고, 겹친 모둠끼리 가위바위보를 할 수도 있습니다.

초성과 주제에 따라
알맞은 낱말을 적은 모습

이 놀이를 통해 학생들은 도서관 어느 서가에 어떤 책이 있는지 살펴보고, 도서관의 책이 주제별로 분류되어 있음을 학습합니다. 쁘띠빠끄 놀이는 적절한 낱말만 있으면 다양한 교과에 적용할 수 있으므로 활용도가 높습니다.

07
낱말 도둑잡기

▲ 도움 PPT   ▲ 활동지

루미큐브에서 착안하여 만든 놀이로, 숫자 대신 한글 초성으로 낱말을 만드는 활동입니다. 자신이 가진 초성카드를 모두 사용하는 사람이 이기는 놀이이므로, 풍부한 어휘력과 순발력을 기를 수 있습니다. 무엇보다 다양한 낱말에 시각적 경험을 높이고, 관심과 흥미를 돋울 수 있습니다.

○ 놀이 정보 한눈에 보기

대상	초등학교 1학년 이상
대형	모둠 활동(4명)
성취기준	[2국02-01] 글자, 단어, 문장, 짧은 글을 정확하게 소리 내어 읽는다. [2국04-01] 한글 자모의 이름과 소릿값을 알고 정확하게 발음하고 쓴다. [2국04-02] 소리와 표기가 다를 수 있음을 알고 단어를 바르게 읽고 쓴다.
준비물	초성카드, 루미큐브 놀이판, 원형 라벨 스티커, 국어사전

○ 준비하기

루미큐브의 숫자 카드 위에 숫자가 가려질 만큼 넉넉한 크기의 원형 라벨 스티커를 부착합니다. 스티커 위에는 다음과 같이 낱글자를 적습니다.

루미큐브 보드게임 클래식 미니   원형 라벨 스티커

- 놀이 카드 세트 구성
  - 총 62개: 초성 카드 42개(ㄱ~ㅎ 자음 14개×3세트) + 별 카드 10개 + 낱글자 카드 10개

숫자가 적힌 부분에 스티커를 붙여 초성 카드 42개 만들기

- 저학년을 대상으로 한다면 초성 카드의 위아래 구분을 명확히 하기 위해서 (ㄱ), (ㄴ)의 경우에는 숫자 아래에 선(_)을 긋습니다.
- 카드 종류마다 다른 색의 스티커를 붙이면 구분하기 쉽습니다.
- 아이들이 낱말 조합에 활용하기 편한 '샤', '수', '이', '자', '형', 5개의 낱글자 카드를 2세트 준비합니다.

별 카드 10개

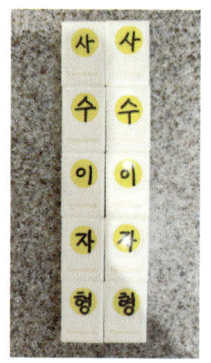

낱글자 카드 10개

○ 놀이 방법

❶ 모든 카드를 섞은 후, 한 사람 앞에 10장씩 카드를 나눠 줍니다.

❷ 놀이 순서는 가위바위보로 정합니다.

❸ 차례가 돌아오면 자신이 가진 초성 카드를 활용해 낱말을 만듭니다. 낱말을 만들 때는 최소 2글자 이상이어야 합니다. 완성한 낱말 카드는 자기 앞에 내려놓습니다.

❹ 별 카드는 본인이 원하는 초성으로 대체하여 마음껏 사용할 수 있습니다.

❺ 주어진 초성 카드로 낱말 조합이 어려울 땐 낱글자 카드를 활용합니다.

❻ 낱말을 완성하지 못하면 카드 더미에서 카드를 1장을 가져갑니다.

❼ 정해진 순서대로 돌아가면서 낱말을 만들다가, 카드가 먼저 소진된 사람이 "빙고!"를 외치며 마지막 낱말 카드를 내려놓습니다.

❽ 카드를 빨리 소진하는 순으로 등수가 정해집니다.

○ 놀이하기

아이들이 '루미큐브'에는 비교적 익숙하여 놀이에 대한 설명 없이 바로 시작할 수도 있습니다. 아이들의 수준에 따라 사용하는 낱말만 달라질 뿐, 모든 학년이 즐겁게 참여할 수 있습니다.

    단, 놀이를 진행하다 보면 어휘력이 뛰어난 학생이 시작하자마자 여러 글자 수의 카드를 한꺼번에 내려놓아 놀이가 너무 빨리 끝나는 경우가 있습니다. 이때를 대비하여 규칙을 추가하면 좋습니다. 예를 들면, 한번에 내려놓을 수 있는 카드 수를 제한할 수 있습니다. 차례마다 5장

미만의 카드만 내려놓을 수 있다면, 아이들은 2글자 혹은 3글자 낱말만 열심히 찾습니다. 이렇게 진행해야 첫판에 끝나지 않고, 모든 참여자가 두루 기회를 얻습니다.

또는 주제를 제한해서 해당 주제와 관련된 낱말만 내려놓도록 할 수 있습니다. 만약 교과 수업에 활용한다면, 배운 내용을 점검하는 차원에서 주제 제한 규칙을 적용하면 좋습니다.

○ 유의 사항

- 카드를 불투명한 주머니나 봉투에 넣고 무작위로 10장씩 가져가도록 합니다.
- 카드는 초등학교 1~2학년의 경우 6장, 3~6학년의 경우 10장씩 가져가기를 추천합니다. 저학년의 경우, 놀이 시간이 넉넉하다면 어휘력을 보완하기 위해 더 많은 수의 카드를 나눠 줘도 좋습니다.
- 학년 수준에 따라 초성 카드, 별 카드, 낱글자 카드 수를 조정해도 좋습니다. 난이도를 좀 더 높이고 싶다면 쌍자음을 추가합니다.
- 낱글자 카드 중에서 '형'을 주로 활용하기 어려워합니다. 이럴 때는 '기'로 대체해도 좋습니다.
- 카드를 내려놓지 않고 시간을 한참 끌 때는 제한 시간 10초를 줍니다.
- 제외할 낱말이 있다면 놀이 전에 안내합니다(고유명사 등).
- 헷갈리는 낱말이 있다면 반드시 국어사전에 등재된 낱말인지 확인해야 합니다.
- 앞서 등장한 낱말과 중복된 낱말을 말하면 벌칙으로 카드 1장을 가져갑니다.

08
뒤죽박죽 앞 글자

▲ 도움 PPT

예능 프로그램 〈혜미리예채파〉에 나왔던 초성 어휘 게임을 변형한 놀이입니다. 모둠원들은 무작위로 고른 초성 2개로 시작하는 낱말을 릴레이로 외쳐 왕복에 성공해야 합니다. 이 놀이는 순발력과 어휘력을 길러 주며, 모둠원끼리 릴레이로 진행되는 만큼 협동력도 성장합니다.

◐ 놀이 정보 한눈에 보기

대상	초등학교 1학년 이상
대형	모둠 활동(4~5명)
성취기준	[2국05-01] 말놀이, 낭송 등을 통해 말의 재미와 즐거움을 느낀다. [4국04-01] 단어와 단어 간의 의미 관계를 파악한다.
준비물	모형 삽, 플라스틱 통, 자음 붙임자료, 타이머

◐ 준비하기

놀이 방법을 익히기 위해 유튜브 둠칫 채널 〈혜미리예채파〉 4편의 '삽자루 초성퀴즈' 영상을 참고하면 좋습니다. 놀이 도구로는 모형 삽과 거기에 붙일 자음 스티커를 준비합니다. 재미있는 놀이를 위해 'ㄱ, ㄴ, ㄷ, ㄹ, ㅁ, ㅅ, ㅇ'처럼 자주 쓰이는 자음을 중심으로 활용하면 좋습니다. 모형 삽의 수량이 넉넉하다면 자주 쓰이는 자음을 2개씩 넣어 주어도 재미있게 진행할 수 있습니다.

모형 삽에 자음 스티커를 붙인 모습

모둠별 순위를 결정하려면 초 단위까지 확인해야 하는 경우가 있습니다. 이런 경우 스마트폰 타이머를 활용합니다.

○ 놀이 방법

❶ 모둠별로 차례가 오면 앞으로 나와 섭니다.
❷ 모둠 안에서 놀이 순서가 정해지면 첫 번째 순서의 아이가 모형 삽 2개를 뽑습니다.
❸ 제한 시간 3분 안에 아이들은 해당 초성으로 시작하는 낱말(고유명사를 제외한 명사)을 릴레이로 말합니다.
❹ 자기 차례에 낱말을 말하고 나면 들고 있던 삽 2개를 옆 친구에게 전달합니다.
❺ 당장 떠오르는 단어가 없다면 옆 친구에게 삽을 전달하고 마지막 순서로 이동합니다.
❻ 마지막 순서에 삽이 도달하면 2개 삽의 앞뒤 순서를 바꿔서 해당 초성으로 시작하는 낱말을 외칩니다. 따라서 마지막 모둠원은 원래 순서대로 낱말 1개, 뒤집힌 순서대로 낱말 1개를 연속으로 외쳐야 합니다.
❼ 낱말을 외치면 다시 역순으로 삽을 전달합니다.
❽ 모든 모둠원이 제한 시간 안에 낱말을 외치면 성공입니다.

○ 놀이하기

초등학교 5~6학년을 대상으로 수업 관련 주제를 정해서 놀이해 보았습니다. 이처럼 교과 수업에는 그날 배운 교과 용어를 숙지하는 데 유용합니다. 놀이 규칙을 설명할 때 예능 프로그램 〈혜미리예채파〉의 놀이 장면을 보여 줍니다. 놀이 규칙을 숙지하고 몇 차례 반복했다면 제한 시간을 줄여서 속도감 있게 진행할 수도 있습니다. 몸으로 움직이는 놀이라 고학년 아이들도 적극적으로 참여합니다.

생각보다 제시된 초성으로 시작하는 낱말을 연상하기가 쉽지 않으므로 초성 삽을 뽑은 후 생각할 시간을 충분히 주면 좋습니다. 또한, 자리에 앉아 있는 아이 중에 갑자기 떠오른 낱말이 있다고 끼어들지 않도록 주의를 주어야 합니다.

09 초성의 달인

▲ 도움 PPT   ▲ 활동지

주어진 초성에 해당하는 낱말을 최대한 많이 적는 놀이입니다. 빙고 놀이와 비슷하여 아이들이 이해하기 쉬우므로, 적극적인 참여를 독려할 수 있습니다. 또한, 어휘력을 최대한으로 향상하는 데 매우 효과적입니다.

○ 놀이 정보 한눈에 보기

대상	초등학교 1학년 이상
대형	모둠 활동(4~5명)
성취기준	[2국05-01] 말놀이, 낭송 등을 통해 말의 재미와 즐거움을 느낀다. [4국04-01] 단어와 단어 간의 의미 관계를 파악한다.
준비물	활동지, 필기도구

○ 준비하기

놀이를 진행하기에 앞서 참여자 수만큼의 '초성빙고 활동지'를 출력합니다. 활동지를 만들 때는 아이들 수준에 맞게 칸수와 초성 조합을 조정합니다. 만약 즉흥적으로 놀이해야 할 경우에는 공책이나 이면지에 직접 표를 그려서 진행합니다.

학년에 따라 초성 조합을 늘릴 수 있다.

○ 놀이 방법

❶ 아이들에게 활동지를 나누어 주고, 놀이 규칙을 설명합니다.

❷ 빙고 칸마다 해당 초성으로 시작하는 낱말을 최대한 많이 적습니다.

❸ 낱말을 모두 적으면, 순서대로 돌아가며 낱말을 1개씩 발표합니다.

④ 4줄 빙고를 완성하면 "빙고!"라고 외칩니다. 선생님은 빙고가 맞는지 확인합니다.

⑤ 4줄 빙고를 완성한 아이가 5명 이상 나올 때까지 계속 진행합니다.

⑥ 4줄 빙고를 완성한 아이 중에서 빙고 칸에 가장 많은 낱말을 적은 아이를 최종 승자로 결정합니다. 본 놀이는 빙고를 완성하는 것보다 각 칸에 얼마나 많은 낱말을 잘 채워 넣었는지 중점을 두기 때문입니다.

○ 놀이하기

기존의 빙고 규칙과 유사하지만 여기서는 4줄 빙고를 완성한 아이가 여러 명 나올 때까지 놀이를 진행합니다. 또한, 빠르게 4줄 빙고를 완성하는 것뿐만 아니라, 놀이판을 서로 비교하여 더 많은 낱말을 채운 사람이 승리하는 방식입니다. 일반 빙고와 규칙이 사뭇 다르므로, 선생님은 놀이가 진행되는 동안 주기적으로 규칙을 상기시켜야 합니다.

만약 절반 이상의 아이들이 수월하게 낱말을 작성하는 경우에는, 제한 시간을 줄여서 긴장감을 높입니다.

왼쪽 활동지처럼 한 칸에 채운 낱말 수가 많을수록 유리하다.

10
123 초성 놀이

 ▲ 도움 PPT   ▲ 숫자 카드    ▲ 초성 카드

초성 놀이에 카드를 더한 놀이입니다. 선생님이 초성을 제시하면 아이들은 카드에 적힌 수와 동일한 글자 수의 낱말을 발표하고 카드를 가져갑니다. 이 놀이를 통해서 아이들의 적극적인 수업 참여 태도를 기르고, 어휘력을 풍성하게 키울 수 있습니다.

○ 놀이 정보 한눈에 보기

대상	초등학교 1학년 이상
대형	모둠 활동(4~5명)
성취기준	[2국05-01] 말놀이, 낭송 등을 통해 말의 재미와 즐거움을 느낀다. [4국04-01] 단어와 단어 간의 의미관계를 파악한다.
준비물	숫자 카드, 별 카드

○ 준비하기

1부터 5까지 숫자가 적힌 카드 5장을 1세트로 준비하고, 별 카드는 따로 준비합니다. 4~5인 기준으로 숫자 카드 6세트, 별 카드 5장, 총 35장의 카드가 필요합니다. 별 카드는 음절 수에 제한 없이(5글자 이상도 가능) 자유롭게 해당하는 낱말을 말할 수 있습니다. 학년에 따라 4, 5처럼 상대적으로 높은 수의 숫자 카드를 제외하거나 별 카드 장수를 늘리는 등 자유롭게 조정할 수 있습니다.

○ 놀이 방법

❶ 모둠별로 카드를 잘 섞어서 책상 중앙에 놓습니다.

❷ 가장 위에 놓인 카드 5장을 뽑아 앞면이 보이게 펼쳐 놓습니다. 나머지 카드는 뒷면이 보이게 쌓아 둡니다. 카드는 라운드가 바뀔 때마다 교체합니다.

❸ 선생님은 아이들에게 특정 자음을 제시합니다. 예를 들어 'ㅂ'을 제시하면 아이들은 'ㅂ'으로 시작하는 낱말을 떠올려야 합니다.

❹ 책상 위 숫자 카드에 해당하는 글자 수로 이루어진 낱말을 말하고 숫자 카드를 가져갑니다. 예를 들어, "바나나"라고 말한 아이는 3이 적힌 숫자 카드를 가져갑니다. 단, 별 카드는 1~5글자 사이의 어떤 낱말을 말해도 가져갈 수 있습니다.

❺ 모든 숫자 카드가 소진될 때까지 반복합니다.

❻ 모든 카드가 소진된 후, 각자 자신이 가져간 카드의 숫자 합을 계산하여 총점을 매깁니다. 예를 들어, 2, 3, 5 카드를 가져갔다면, 총합은 10점(2+3+5)이 됩니다(별 카드는 3점).

❼ 총점이 가장 높은 참여자가 승리합니다.

○ 놀이하기

초성 대신 특정한 주제를 제시할 수도 있습니다. 예를 들어, '동물', '국가' 등을 제시하면 아이들은 주제에 어울리는 낱말을 숫자에 맞게 말하면 됩니다. 이 방법은 '주제에 맞는 낱말'이라는 조건이 추가되기 때문에, 최소 초등학교 3학년 이상을 대상으로 진행하는 것이 좋습니다.

○ 유의 사항

- 만약 여러 명이 동시에 낱말을 외쳤다면, 가위바위보로 누가 카드를 가져갈지 결정합니다.
- 만약 모든 모둠원이 가져가지 못한 숫자 카드가 있다면, 카드 더미의 가장 아래에 넣습니다.

문해력 놀이 2단계
낱말 잇기

우리는 새로운 친구를 사귈 때 먼저 이름을 묻습니다. 하지만 이름만 안다고 친구가 될 순 없지요. 상대가 무얼 좋아하는지, 평소에 어떤 생각을 하는지 알아가는 과정이 필요합니다. '어휘력'과 친해지는 방법도 마찬가지입니다.

이전 단계에서는 낱말을 눈에 익히며 낱말과 친숙해지는 것을 목표로 했습니다. 이제 2단계에서는 낱말과 뜻을 연결 짓기 시작합니다. 아이들은 다양한 감각을 활용한 놀이로 낱말과 뜻을 자연스럽게 체득하고, 낱말의 문장 속 쓰임새를 학습하여, 낱말을 상황에 맞게 활용할 수 있는 힘을 기릅니다. 이런 놀이를 통해 아이들은 낱말에 자신의 생각과 감정이 담길 수 있다는 점을 깨닫게 될 것입니다.

01
이모지 책 수수께끼

▲ 도움 PPT   ▲ 활동지

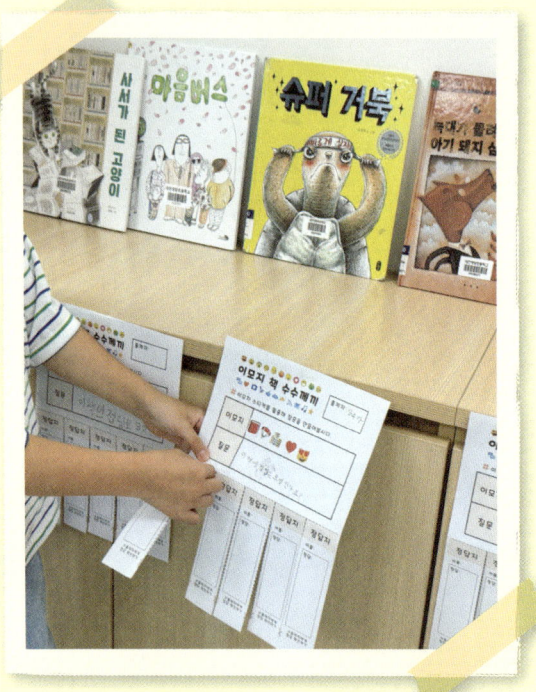

이모지를 보고 어떤 낱말을 표현했는지 유추하는 놀이입니다. 이모지로 자신의 생각을 드러내면서 표현력과 상징 이해 능력을 키울 수 있습니다. 또한, 다른 친구의 이모지를 보며 숨은 의미를 추론하는 활동은 논리적 사고력을 기르는 데 도움이 됩니다.

○ 놀이 정보 한눈에 보기

대상	초등학교 3학년 이상
대형	개별 활동
성취기준	[2국06-02] 일상의 경험과 생각을 글과 그림으로 표현한다. [4국04-01] 단어와 단어 간의 의미 관계를 파악한다. [4국05-05] 재미나 감동을 느끼며 작품을 즐겨 감상하는 태도를 지닌다.
준비물	활동지, 이모지 스티커, 원 라벨지, 도서

○ 준비하기

먼저 이모지 스티커를 준비합니다. 시중에 파는 완제품을 사용할 수도 있고, 선생님이 직접 제작할 수도 있습니다. 단, 직접 제작할 때는 수많은 이모지 중에서, 적절한 몇 개를 선정하는 데 어려움이 있습니다. 그래서 완제품 스티커를 구입해 아이들에게 나누어 주고, 스티커에 없는 이모지가 필요할 때만 직접 그리도록 원 라벨지를 준비하는 게 좋습니다.

이모지 다꾸(다이어리 꾸미기) 스티커
스마트폰 속 다양한 이모지를 모티브로 한
스티커 4장이 1세트를 이루고 있습니다.

활동지는 아이들이 정답지를 잘라 사용할 수 있도록 '점선 칼'로 미리 칼질해 둡니다. 활동지를 활용해 아이들이 직접 문제를 내고, 다른 친구들의 문제를 풀어 볼 수 있습니다.

점선 칼
종이를 뜯어 쓰기 편하도록 절취선을 만들 때 사용합니다.

놀이를 잘 설명하기 위해서 연습게임을 준비하면 좋습니다. 직접 문제를 만들기 어렵다면, 대화형 AI(챗봇)의 도움을 받아도 좋습니다.

연습문제 예시
'학교'와 '휴대폰'은 AI의 도움을 받아 만들었습니다.

◇ 놀이 방법

문제를 내는 활동과 푸는 활동 2가지로 나뉘는 놀이입니다. 각 활동에 드는 시간을 적절하게 분배하면 좋습니다.

- 문제 만들기
    1. 문제 만들기에 활용할 책을 교실 앞에 전시합니다.
    2. 아이들은 10분 동안 책 내용을 두루 살펴봅니다.
    3. 활동지를 나누어 줍니다.
    4. 각자 고른 책 제목을 이모지 스티커로 표현하여 문제를 냅니다(책 제목은 출제자만 알고 있어야 합니다).
    5. 스티커는 5~6개 정도 활용합니다.
    6. 원하는 모양의 스티커가 없다면, 직접 그려서 표현합니다.
    7. 완성된 질문 카드는 칠판에 붙입니다.

- 문제 풀기
    1. 완성된 문제를 칠판에 전시합니다.
    2. 이모지 문제를 보며 어떤 책 제목을 표현했는지 찾습니다.
    3. 정답을 찾으면 노트를 찢어 본인의 이름과 답을 쓰고, 출제자에게만 보여 주어 답을 확인받습니다.
    4. 답을 맞히면 다른 문제를 풀고, 답을 맞히지 못하면 해당 문제를 다시 풉니다.
    5. 제한 시간(10분) 동안 가장 많은 답을 맞힌 사람이 승리합니다.

○ 놀이하기

초등학교 3~4학년 아이들과 학교 도서관에서 직접 해 보았습니다. 도서관의 모든 책을 대상으로 문제를 내면 범위가 너무 넓으므로, 주제를 정해 책을 선정했습니다. 첫 번째 판은 '학년별 권장 도서'로 제한하였고, 두 번째 판은 '전래동화'를 아이들 수만큼 준비하여 진행했습니다.

문제에 쓰인 책들과 그 아래 붙은 문제지들

모든 문제가 칠판에 붙으면 본격적으로 놀이를 시작합니다. 제한 시간 동안 아이들은 문제 풀랴, 답 확인하랴 정신없이 움직입니다. 하지만 이모지만으로 책 내용을 연상하기가 쉽지 않은지 문제 풀이에 집중하는 모습을 보였습니다.

그림책 『무지개 물고기』를 표현한 이모지 문제

02
찰떡 낱말 왕

▲ 도움 PPT ▲ 활동지

책 속 낱말을 그림으로 표현하는 빙고 놀이입니다. 낱말의 의미를 시각화하면서 기본적인 어휘력을 다지고 상상력을 자극합니다. 읽기 전에 낱말을 공부하고, 읽기 중에 공부한 낱말을 알아보고, 읽기 후에 새로 알게 된 낱말을 기억할 때 활용하면 좋은 놀이입니다.

○ 놀이 정보 한눈에 보기

대상	초등학교 1학년 이상
대형	개별 활동
성취기준	[2국06-02] 일상의 경험과 생각을 글과 그림으로 표현한다. [4국02-02] 문단과 글에서 중심 생각을 파악하고 내용을 간추린다. [4국04-02] 단어를 분류하고 국어사전을 활용하여 능동적인 국어 활동을 한다. [4국04-05] 언어가 의사소통과 관계 형성의 수단임을 이해하고 국어를 소중히 여기는 태도를 지닌다.
준비물	활동지, 놀이에 활용할 낱말

○ 준비하기

낱말은 12~15개 정도로 준비합니다. 책을 활용한다면 책에 나오는 낱말을, 그렇지 않다면 특정 주제와 관련된 낱말을 준비합니다. 이때 선생님이 먼저 낱말을 정해도 되지만 수업이나 놀이를 하면서 아이들과 함께 정할 수도 있습니다. 아이들이 직접 낱말을 정하면 놀이의 몰입도가 더 높아집니다.

낱말을 칠판에 적거나 화면에 띄우고 그들과 함께 탐색합니다. 국어사전을 활용해도 좋고, 시간이 부족하다면 인터넷 검색을 활용해도 좋습니다. 이 놀이는 낱말과 의미의 관계를 잘 파악하고 진행해야 하기 때문에 놀이 전에 낱말 공부가 충분히 이루어져야 합니다. 낱말 선정과 뜻 공부가 끝났다면 활동지를 각자 1장씩 나누어 주고 놀이를 진행합니다.

◌ 놀이 방법

- **기본 놀이 방법**

  ❶ 제시된 낱말 중 9개를 고릅니다.

  ❷ 빙고 판 모양의 활동지에 9개 낱말을 그림으로 표현합니다.

  ❸ 다 채운 활동지를 가지고 돌아다니며 마주친 친구와 빙고를 맞혀 봅니다. 빙고를 맞히는 방법은 다음과 같습니다.

   ⓐ 마주친 친구와 가위바위보를 합니다.

   ⓑ 이긴 사람은 상대방의 빙고 판에서 그림을 하나를 골라 연상되는 낱말을 말합니다.

   ⓒ 답을 맞혔다면 본인과 상대방 활동지에 동그라미로 표시합니다. 만약 틀렸거나, 맞혔더라도 해당하는 낱말이 본인 활동지에 없는 경우엔 아무런 표시도 할 수 없습니다.

  ❹ 빙고를 완성하면 "빙고!"를 외치고 자리로 돌아갑니다. 만약 제한 시간이 끝났는데 빙고를 완성하지 못한 참여자가 있다면 해당 빙고를 다 함께 맞힙니다.

- **변형 놀이 방법: 도서관에서 찰떡 낱말 왕**

  도서관에서 자주 쓰는 '대출, 반납, 연체, 연장, 책 수레' 등의 낱말을 공부한 후 재미있게 복습할 수 있습니다. 도서관 이용 교육뿐 아니라 특정 주제를 다룬 학습, 교과 내용을 복습하거나 예습할 때 활용하기 좋은 놀이입니다.

○ 놀이하기

초등학교 2~4학년 아이들과 책 『난 나의 춤을 춰』(다그림책, 2024)에서 핵심 낱말 12개를 골라 놀이했습니다. 좀 더 난이도를 높이고 싶다면 어려운 낱말이나 전체 낱말의 수를 늘리면 됩니다.

춤	사랑	소풍
꿈	책	자랑
꿀벌	작가	소음
선생님	노력	민첩하다

각 낱말에 어울리는 그림을 그리고 있다.

그림 그리기를 어려워하면, 단순하고 직관적으로 표현하도록 도움을 줍니다. 연필로만 그려도 되지만, 색연필이나 사인펜을 활용하면 더 다채로워집니다.

그림 그리는 시간은 10분을 주었습니다. 제한 시간 동안 완성하지 못한 참여자가 있다면 1분 정도 시간을 더 줍니다. 활동지를 모두 채우면 돌아다니며 빙고를 맞혀 봅니다. 빙고를 완성한 아이가 전체 인원의

3분의 2 정도 되면 놀이를 종료합니다. 모두가 빙고를 완성하지 않아도 괜찮습니다. 미완의 활동지가 있다면 모두에게 보여 주고 어떤 낱말을 표현한 것인지 함께 맞혀 보는 것도 재밌습니다.

○ 유의 사항

- 아이들에게 낱말을 제시할 때, 패들렛을 활용해도 좋습니다. 낱말을 패들렛 게시물로 업로드하고, 직접 낱말 뜻을 찾아보는 활동으로 연계할 수 있습니다. 이후, 학생이 직접 낯선 낱말을 고르게 해도 됩니다.
- 빙고 판에 그리는 그림은 낱말을 직관적으로 파악할 수 있는 정도면 됩니다. 연필이나 단색 색연필, 사인펜만으로도 그릴 수 있어야 하며, 빙고 판을 채우는 시간은 10분 이내로 짧은 것이 좋습니다.
- 교우 관계에 따라 서로 마주치지 않으려고 일부러 피하는 경우가 있습니다. 단순히 친하지 않아서 피할 때는 맞닥뜨린 순간 반드시 가위바위보를 해야 한다고 일러 줍니다. 만약 여러 아이가 고의로 한 아이를 피하는 등 문제 상황이 보인다면 선생님이 적극적으로 개입하는 것이 좋습니다.
- 빙고를 완성하지 못한 아이들은 대체로 공을 많이 들이느라 시간을 초과한 경우가 많습니다. 따라서 완성하지 못한 아이들의 결과물을 공유할 때는 아이들이 최선을 다했음을 인정해 주며 공유해야 합니다.

03 낙서를 기억해

 ▲ 도움 PPT  ▲ 활동지

책 내용을 기억하기 위해 쓴 낙서를 보고 낱말을 떠올리는 추론 연상 놀이입니다. 함께 읽은 책의 내용이나 학습한 교과 내용을 확인하기 위해 활용할 수 있습니다. 선생님이 불러 주는 낱말을 그림으로 표현하는 활동부터 그림을 보고 다시 낱말을 유추하는 활동까지 모든 과정이 아이들의 흥미를 유발하고 집중력을 향상시킵니다.

○ 놀이 정보 한눈에 보기

대상	초등학교 3학년 이상
대형	개별 활동
성취기준	[2국06-02] 일상의 경험과 생각을 글과 그림으로 표현한다. [4국04-01] 단어와 단어 간의 의미 관계를 파악한다.
준비물	활동지

○ 준비하기

활동지와 낱말 25개를 준비합니다. 함께 읽은 책을 가지고 놀이하는 경우, 책 내용을 기반으로 한 낱말 약 15개, 책 주제와 관련하여 미덕, 가치, 인성 등 추상적인 개념어 약 10개, 총 25개의 낱말을 미리 준비합니다. 교과 내용을 확인하는 놀이를 진행한다면, 학습한 내용의 주요 낱말 25개를 선생님이 미리 선정합니다.

○ 놀이 방법

❶ 아이들에게 활동지를 나누어 줍니다.

❷ 선생님은 미리 준비한 25개의 낱말을 3초 간격으로 부릅니다.

❸ 아이들은 낱말을 듣고 연상되는 이미지를 활동지 위에 낙서하듯 그립니다. 이때, 글자나 숫자는 쓸 수 없고, 어떤 형태로든 그림으로 그려야 합니다.

❹ 25번째 낱말까지 모두 끝나면, 기억력에 의존해 지금까지 나왔던 25개 낱말을 해당 낙서 아래 빈칸에 적습니다.

❺ 모든 낱말을 적으면 "빙고!"를 외칩니다.

❻ 선생님은 다시 25개의 낱말을 순서대로 부르며 아이들이 낱말을 정확히 기억했는지 확인합니다.

❼ 가장 많은 낱말을 기억한 사람이 우승합니다.

○ 놀이하기

초등학교 3학년 아이들과 놀이해 보았습니다. 놀이 전에 집중도를 높이기 위해, 그림책 『세상에서 가장 맛있는 무화과』(미래아이, 2021)를 읽어 주었습니다. 읽을 때는 먼저 표지를 보며 주인공의 성격도 짐작해 보고, 읽는 중간에 뒷이야기가 어떻게 이어질지 상상하는 질문도 던지며 읽습니다. 이후, 책 내용과 연관된 중요한 낱말을 함께 생각합니다.

초반에는 글 내용에서 본 낱말을 떠올리다가 점차 책 주제와 관련된 낱말을 떠올리게 합니다. 따라서 '의사, 강아지, 할머니, 병원, 무화과, 에펠탑' 등 구체적인 단어에서 시작해 '욕심, 심술, 배려, 동물 학대, 공감' 등 좀 더 추상적인 단어를 이야기합니다. 낱말을 충분히 떠올렸다면, 본격적으로 놀이를 진행합니다. 다양한 수준의 낱말 추론 능력, 연상 능력을 높이기 위한 놀이임을 알려 주고, 놀이 규칙을 설명합니다.

처음엔 직관적인 낱말을 부릅니다. 책 속에 그림이 있다면 아이들은 훨씬 수월하게 낙서합니다. 예를 들어, '무화과'가 책의 삽화로 들어 있었다면, '무화과'를 문제로 냈을 때 낙서 하기가 더 수월해집니다. 놀이가 진행됨에 따라 점차 추상적인 낱말을 부르기 시작합니다. 난감해하면서도 고민 끝에 창의적으로 표현해 내는 아이들의 모습이 인상적입니다.

창의적인 낙서로 채운 활동지 일부

위 예시에서 보듯이 '친절'과 '배려'처럼 구분하기 애매한 낱말이 줄줄이 나오면 아이들의 탄성도 절로 납니다. 놀이를 하면서 아이들은 자기가 그린 낙서를 다시 이해하느라 고군분투하지만, 자신이 제대로 알고 있는 낱말이 무엇인지 점검하고, 이를 표현하는 적절한 방법에 대해 고민할 수 있습니다.

○ 유의 사항

- 게임에 익숙해질수록 더 어려운 낱말을 제시하는 게 좋으므로 25개 낱말의 순서를 정할 때 후반부에 난이도 높은 낱말을 배치합니다(예: 경청, 배려, 사랑, 우정, 평등, 희망 등 추상적인 개념어).

04 구구절절 심봉사

▲ 도움 PPT

여러분은 이제 심청이가 되었습니다.
제시어를 직접 말하지 않고, 심봉사에게 설명해 보세요!

< 제시어 >

엄마 몰래 간식 먹기

'심청이'가 된 아이들이 앞을 보지 못하는 '심봉사'에게 제시어를 설명하고, 심봉사가 정답을 맞히는 놀이입니다. 제시어를 직접 말하지 않고 설명해야 하므로, 표현력과 창의력이 길러집니다. 읽기 전 배경지식 쌓기나, 읽은 후 내용 정리 활동으로 활용하면 더욱 효과적입니다.

○ 놀이 정보 한눈에 보기

대상	초등학교 1학년 이상
대형	모둠 활동(4명)
성취기준	[2국01-03] 상대의 말을 집중하여 듣고 말차례를 지키며 대화한다. [4국01-03] 상황에 적절한 준언어·비언어적 표현을 활용하여 듣고 말한다. [6국04-03] 고유어와 관용 표현의 쓰임과 가치를 이해하고 상황에 맞게 표현한다. [6국04-04] 문장 성분을 이해하고 호응 관계가 올바른 문장을 구성한다.
준비물	문제를 보여 줄 화면(혹은 스케치북), 타이머

○ 준비하기

선생님은 아이들의 수준과 흥미를 고려하여 함께 읽을 책을 선정한 뒤, 거기서 놀이에 활용할 만한 낱말이나 구절을 선정합니다. 난이도는 모든 사람이 도전감을 느끼면서도 흥미롭게 참여할 수 있도록 다양한 낱말을 선정합니다. 또한, 각 모둠에 다양한 어휘력 수준의 아이들이 골고루 섞이도록 배치하여, 서로 협력해서 문제를 해결하는 재미를 더합니다.

○ 놀이 방법

❶ 모둠별로 '심청이'와 '심봉사'를 2명씩 정합니다.

❷ 첫 번째 모둠부터 앞으로 나옵니다. 2명의 심봉사는 제시어가 보이지 않도록 등지게 서고, 2명의 심청이는 제시어가 잘 보이도록 마주 보고 섭니다. 다른 모둠은 심판 역할을 합니다.

❸ 제한 시간 5분 동안 심청이가 심봉사를 위해 제시된 낱말(혹은 구절)을 설명합니다. 이때, 낱말이나 구절을 직접 말해서는 안 됩니다.
❹ 심봉사는 심청이의 설명을 듣고 정답을 맞힙니다.
❺ 제한 시간 안에 맞힌 정답 개수로 등수를 매깁니다. 만약 정답 개수가 같은 경우, 더 짧은 시간 안에 맞힌 모둠이 이깁니다.

○ 놀이하기

초등학교 1학년을 대상으로, 놀이 전 활동으로 선래동화『심청전』을 같이 감상했습니다. 책이나 영상 등 편한 방법으로 감상하면 됩니다. 이미 『심청전』을 아는 경우엔 한 문장씩 이어 가며 '줄거리 이야기하기' 활동을 할 수 있습니다. 예를 들어, 한 친구가 "옛날 옛적 심봉사가 살았대."라고 하면, 그다음 친구는 "심봉사는 딸 심청을 낳았어."라 말하고, 그다음 친구는 "그런데 심청이 매우 어릴 때 어머니가 돌아가셨어." 하는 식으로 줄거리를 이어 가는 활동입니다. 이 활동을 잘했을 때 보너스 점수를 주면 적극적인 참여를 유도할 수 있습니다.

심청전 동화 유튜브 동영상

『심청전』의 내용을 이해하고 역할을 나누어 상황에 몰입하도록 유도합니다. 심봉사는 정답을 맞히기 위해 경청하고, 심청이는 정답을 직접 언급하지 않은 채 잘 설명해야 함을 한 번 더 강조합니다.

놀이 시작 전, 간단한 연습게임을 진행하여 아이들이 규칙과 진행 방식을 자연스럽게 이해하도록 합니다. 여기서는 '직접적으로 정답 언급 금지', '시간 제한 지키기' 등을 규칙으로 정할 수 있습니다. 이때를 학습 기회로 삼아 규칙을 명확히 짚어 주면 좋습니다.

실제 놀이 때 활용한 낱말은 그림책『뭐든 될 수 있어』(위즈덤하우스, 2017)에 나온 것입니다. 읽기 전 활동으로 해당 놀이를 했는데, 놀이 후에 책을 읽으니 "아까 나왔던 낱말이 나온다!"라며 아이들이 매우 좋아했습니다. 이로써 낱말에 대한 친밀감이 더 높아지는 효과가 있었습니다.

> 주전자, 화살표, 빨래집게, 엄마가 만든 삼각김밥, 애벌레, 뾰족한 오므라이스, 높은 산, 빨래 개기, 세수, 산타 할아버지, 뒤집어진 벌레, 아기, 불도저, 선풍기, 외계인, 낮잠 자기, 너무 데친 브로콜리, 치킨 먹기, 치과, 기분, 발뒤꿈치 뜯는 엄마

예시에서 보듯이 책에서 등장한 다양한 낱말과 구절을 활용하였습니다. 쉬운 낱말인 '세수'나 '엄마가 만든 삼각김밥' 같은 구절, 또는 평소에 자주 사용하지 않는 '불도저' 같은 낱말을 넣으면 색다른 재미를 줄 수 있으니 추천합니다.

⭕ 유의 사항

- 선생님은 놀이를 진행하기에 앞서 『심청전』의 내용을 알고 있어야 합니다.

- 진행 과정에서 1번의 패스 기회가 있으며, 정답을 직접 언급했을 때는 정답으로 인정하지 않습니다.

- 재미를 더하기 위해 문제 출제 시 '점수 2배' 등의 조건을 추가할 수 있습니다.

05 눈치코치 피노키오

▲ 도움 PPT

혼자 제시어를 모르는 피노키오가 다른 사람들의 이야기를 들으면서 제시어를 유추하고, 자신의 정체를 들키지 않기 위해 그럴듯하게 거짓말하는 놀이입니다. 이 과정에서 추론력과 경청 태도를 기를 수 있습니다. 또한 상황에 어울리는 말과 행동을 선택하는 표현력도 함께 자랍니다.

○ 놀이 정보 한눈에 보기

대상	초등학교 3학년 이상
대형	모둠 활동(4명)
성취기준	[4국01-03] 상황에 적절한 준언어·비언어적 표현을 활용하여 듣고 말한다. [4국01-06] 주제에 적절한 의견과 이유를 제시하고 서로의 생각을 교환하며 토의한다. [6국01-01] 대화에서 생략된 내용을 추론하며 듣는다. [6국01-02] 주장을 파악하고 이유나 근거가 타당한지 평가하며 듣는다. [6국01-07] 절차와 규칙을 지키고 타당한 이유와 근거를 제시하며 토론한다.
준비물	오프라인: 쪽지, 주머니 온라인: 모둠별 QR코드, 스마트 패드

○ 준비하기

오프라인으로 놀이할 때는 쪽지를 미리 제작해야 합니다. 쪽지는 각자 1장씩 필요합니다. 쪽지의 크기는 명함 정도면 되며, 1장에만 '피노키오'를 적고 나머지는 동일한 제시어를 적습니다. 온라인으로 놀이할 때는 모둠별로 스마트 패드를 1대씩 준비하고 '교육용 라이어 게임 만들기' 사이트를 이용하면 됩니다.

교육용 라이어 게임 만들기

사이트 접속 시 화면

    해당 QR코드로 접속한 뒤, 제시할 낱말과 뜻을 적습니다. 반드시 뜻을 적지는 않아도 됩니다. 그 후 우측의 [만들기]를 클릭하면 아래 과제 주소(url)가 만들어집니다. 가끔 오류 날 때가 있어, 옆의 [미리보기]로 제대로 작동하는지 확인하는 것이 좋습니다. 이상이 없으면 과제 주소를 QR코드로 바꾸어 모둠별로 나누어 줍니다. QR코드는 수업 전에 출력해 나눠 줄 수도 있으며, 패들렛에 업로드할 수도 있습니다.

    이때 클래스룸 스크린을 활용하면 좋습니다. 클래스룸 스크린에서는 여러 개의 QR코드를 한 화면에 띄워 놓을 수 있어, 모둠별 QR코드를 한 번에 볼 수 있습니다. 또한 타이머 등의 위젯도 추가할 수 있어 놀이 진행 시 유용합니다.

클래스룸 스크린을 활용해 한 화면에 여러 QR코드를 동시에 띄운 모습

○ 놀이 방법

- 오프라인 놀이 방법

❶ 모둠별로 주머니를 받으면 1명씩 돌아가며 쪽지를 뽑습니다.

❷ 자신이 뽑은 쪽지를 펼쳐 내용을 확인합니다. 이때 '피노키오'를 뽑은 사람은 눈치껏 다른 친구들이 공유받은 제시어를 파악하여 자신이 피노키오가 아닌 것처럼 거짓말해야 합니다.

❸ 1명씩 돌아가며 낱말을 직접 언급하지 않으면서 낱말에 대해 설명합니다.

❹ 모두 이야기했다면, 1바퀴 더 돌아가면서 낱말에 대해 설명합니다.

❺ 각자 자신이 생각하는 피노키오가 누구일지 투표하고, 투표가 끝나면 피노키오는 정체를 밝힙니다.

- 온라인 놀이 방법

❶ 스마트패드로 교육용 라이어 게임 사이트에 접속한 후, 차례대로 역할을 부여받습니다.

❷ 이후는 오프라인 놀이 방법과 동일합니다.

○ 놀이하기

〈김정식 허명성의 과학사랑〉(http://sciencelove.com)에 게시된 프로그램 중 피노키오 게임을 활용하여, 보다 간편하게 놀이해 보았습니다. 아이들이 어떻게 게임을 진행하는지 자세히 살펴보겠습니다.

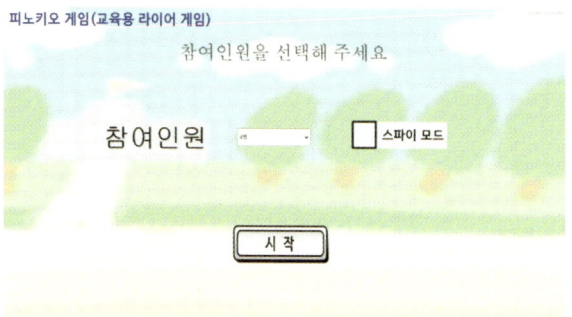

- 먼저 QR코드를 스캔하여 사이트에 접속하게 되면 맨 처음 보이는 창입니다. 참여 인원을 모둠원 수에 맞게 조정합니다. [스파이 모드]를 누르면, '일반 시민', '스파이', '피노키오'로 역할이 나뉩니다. 일반 시민과 스파이는 제시어를 알지만, 피노키오는 제시어를 모릅니다. 스파이는 일반 시민에게 들키지 않고 피노키오를 도와야 합니다. 스파이 역할은 재미를 더하기 위해 만든 요소이며, 굳이 포함하지 않아도 좋습니다.

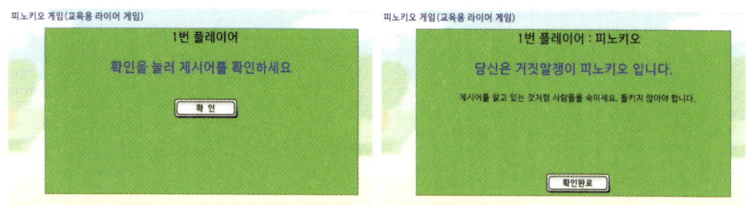

- [시작] 버튼을 누르면 제시어를 확인하라는 창이 뜹니다. 이제부터 순서를 정해 스마트패드를 1명씩 돌아가면서 확인하면 됩니다. [확인]을 누르면, 자신의 역할을 알 수 있게 됩니다. 이번에는 첫 번째로 스마트패드를 넘겨받은 학생이 피노키오가 되었습니다. 자신의 역할을 확인하면 [확인 완료]를 누른 후 다음 사람에게 스마트패드를 넘기면 됩니다.

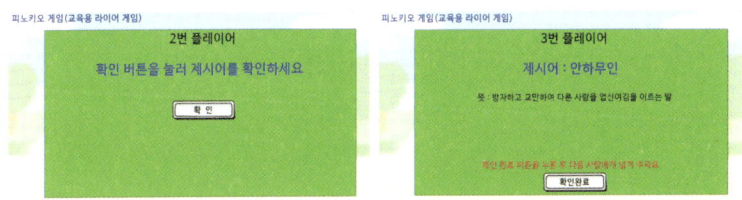

- 여기서는 첫 번째 사람이 피노키오였기 때문에, 이후에 다른 사람들은 모두 제시어와 의미를 확인할 수 있습니다.

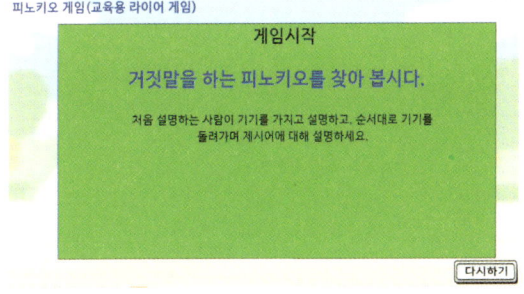

- 마지막 사람까지 역할 확인을 마치면, "거짓말을 하는 피노키오를 찾아봅시다."라는 문구가 나옵니다.

제시어는 책 속의 어려운 낱말, 관용어뿐만 아니라 등장인물의 이름으로 정할 수도 있습니다. 이번에는 함께 읽은 책에서 나온 사자성어와 속담을 활용하였습니다. 제시어를 직접 언급하지 않고 표현하다 보니, 속담이 사용되는 상황, 관련 경험에서 비롯된 감정, 떠오르는 인물이나 사건 등이 자연스럽게 언급됩니다. 아이들은 피노키오에게 결정적인 힌트를 주지 않으면서도, 무고한 친구가 피노키오로 몰리지 않도록 하기 위해 최선을 다했습니다. 한편 피노키오는 친구들의 이야기를 경청하면서 맥락을 파악했으며, 그럴듯한 거짓말로 둘러대는 과정에서 추론 능력을 기를 수 있었습니다.

06
못 찾겠다, 꾀꼬리!

▲ 도움 PPT

가로세로 낱말 퀴즈에서 착안한 놀이입니다. 국어사전에 등재된 낱말을 가지고 문제를 내면, 다른 모둠 아이들이 문제 속에 숨은 낱말과 의미를 찾는 방식으로 진행합니다. 문제를 만드는 과정에서 국어사전을 살펴보고 낱말의 형태와 뜻을 익히다 보면 정확한 언어 사용에 대한 관심이 커집니다.

○ 놀이 정보 한눈에 보기

대상	초등학교 3학년 이상
대형	모둠 활동(4명)
성취기준	[2국03-01] 글자와 단어를 바르게 쓴다. [2국04-02] 소리와 표기가 다를 수 있음을 알고 단어를 바르게 읽고 쓴다. [4국04-02] 단어를 분류하고 국어사전을 활용하여 능동적인 국어 활동을 한다.
준비물	오프라인: 국어사전, 빙고 판, 연필, 타이머, 정답지 온라인: 국어사전, 가로세로 낱말 퀴즈 생성 프로그램, 타이머, 정답지

○ 놀이 방법

- 오프라인 놀이 방법

❶ 모둠별로 10*10 빙고 판 활동지를 1장씩 나누어 줍니다.

❷ 아이들은 문제 속에 숨길 낱말을 정하여 따로 메모합니다.

❸ 가로, 세로, 대각선 방향 중 하나를 골라 숨길 낱말을 적습니다.

❹ 정답을 감추기 위해 나머지 칸에 무작위 글자를 채웁니다.

❺ 모든 칸을 채우면 활동지를 옆 모둠에 넘깁니다(마지막 모둠은 첫 모둠으로).

❻ 활동지를 받은 모둠은 정해진 시간 동안 빙고 판에 숨겨진 정답 낱말을 찾고, 그 뜻을 국어사전에서 찾아 적습니다.

❼ 숨은 정답 낱말을 찾으면 1점, 문제를 낸 모둠에서 의도하지 않았지만 우연히 찾은 낱말이 있으면 2점을 줍니다.

❽ 점수가 가장 높은 모둠이 승리합니다.

● 온라인 놀이 방법

❶ 모둠별로 스마트 패드를 1대씩 나누어 줍니다.

❷ 가로세로 낱말 퀴즈 생성 프로그램을 열어 숨길 정답 낱말을 작성합니다.

❸ 문제를 생성하면 빙고 판이 자동으로 완성됩니다.

❹ 완성한 빙고 판을 캡처하여 모양대로 잘라 저장한 후, 패들렛에 업로드합니다.

❺ 다른 모둠원이 낸 문제를 풀고, 동일한 방식으로 점수를 책정합니다.

○ 놀이하기

가로세로 낱말 퀴즈 생성 프로그램을 활용하여 초등학교 5~6학년 동아리 활동 시간에 놀이하였습니다. 아이들은 여태껏 선생님이 준비한 문제만 풀다가, 자신들이 직접 문제를 낸다고 하니 신기하고 재미있다는 반응을 보였습니다. 다음 프로그램은 별도의 회원 가입이나 로그인 없이 사용할 수 있으며, 조작법이 쉬워 이용하기에 편리합니다.

makedanpuzzle 사이트

사이트에 접속하면 먼저 아이들과 [1. 칸수 선택]에서 가로세로 칸수를 선택합니다. 칸수는 6*6부터 100*100까지 다양하게 설정할 수 있습니다. 아이들과 함께할 때는 10*10을 추천합니다.

그다음 [2. 단어를 입력하세요] 아래에 아이들이 낼 문제를 적습니다. 낱말을 적을 때는 낱말마다 모두 '엔터'키를 눌러 '줄 바꿈'을 해야 합니다. 온라인 활용 시에도 띄어쓰기 없는 낱말을 선정하는 이유입니다.

제한 시간 동안 문제를 내면 [5. 퍼즐 만들기] 아래의 [만들기] 버튼을 눌러 문제를 생성합니다. 이때 뜨는 화면을 캡처하고, 활동지의 해당 부분만 잘라 패들렛에 올립니다.

이렇게 문제를 내고 푸는 과정에서 아이들은 국어사전 사용법을 다시 익히고, 국어사전 찾는 습관을 들입니다. 또한, 낱말의 뜻을 정확하게 학습할 수 있습니다.

○ 유의 사항

- 정답 낱말은 국어사전에 등재되어 있어야 하며, 띄어쓰기가 없는 단일 낱말이어야 합니다.
- 실제 낱말에 쓰이지 않는 글자(예: 긝, 뚫 등)는 적을 수 없습니다.
- 온라인 활용 시, 기본 사진 앱(갤러리)의 [자르기] 기능으로 사진을 편집할 수 있습니다. 기본 사진 앱에서 놀이 할 수도 있으나, 이 경우에는 [편집 되돌리기] 기능으로 답을 훔쳐볼 수 있기 때문에, 패들렛에 업로드한 후 놀이를 진행하는 게 좋습니다.

카	력	약	문	신	초	코	소	파	감
부	상	실	명	감	한	감	파	쩍	신
카	타	소	문	외	문	코	교	카	새
력	카	후	문	소	타	한	타	력	카
파	감	추	여	추	카	외	제	가	육
쩍	후	크	소	문	가	차	염	무	참
참	크	이	약	약	육	추	려	크	교
신	소	약	면	후	지	코	한	카	육
이	호	코	타	지	교	타	가	력	달
육	추	여	초	카	이	크	코	튜	코

문제 내는 모습

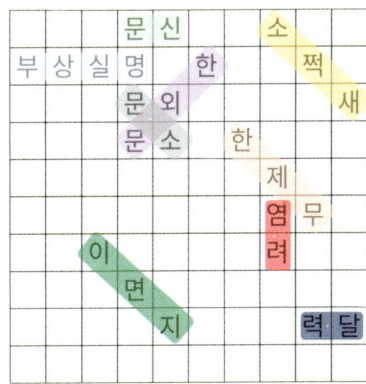

정답 낱말만 표시한 모습

참고자료

또 다른 가로세로 낱말 퀴즈 생성 사이트

띵커벨(https://www.tkbell.co.kr/)에서는 '가로세로 단어 찾기'뿐만 아니라 다양한 수업 활동에 유용한 자료를 만들 수 있습니다. 다만 이 사이트는 아이들이 활용할 수 없으므로, 선생님이 자료를 만들어 나눠 줘야 합니다.

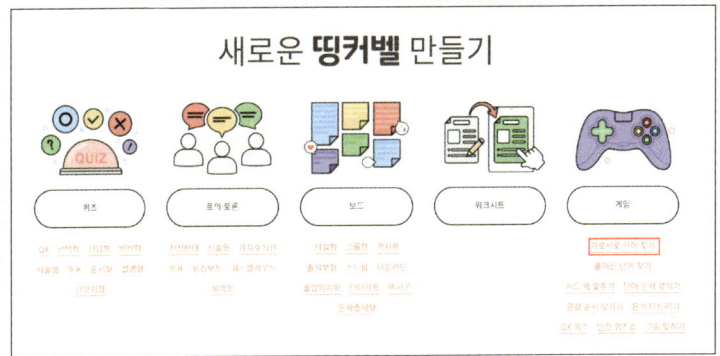

07
무궁화 낱말 꽃이 피었습니다

▲ 도움 PPT

'무궁화꽃이 피었습니다'를 응용하여 낱말 활용법을 배우는 놀이입니다. 이 놀이에서 배운 낱말로 문장을 구성하고, 친구와 함께 대화하며 어휘력을 성장시킬 수 있습니다.

○ 놀이 정보 한눈에 보기

대상	초등학교 2학년 이상
대형	모둠 활동(3~4명), 개별 활동(전체 인원이 5명 이내일 때)
성취기준	[2국03-01] 글자와 단어를 바르게 쓴다. [4국04-01] 단어와 단어 간의 의미 관계를 파악한다. [4국04-03] 기본적인 문장의 짜임을 이해하고 적절하게 사용한다. [6국04-04] 문장 성분을 이해하고 호응 관계가 올바른 문장을 구성한다. [6국04-06] 글과 담화에 쓰인 단어 및 문장, 띄어쓰기를 민감하게 살펴 바르게 고치는 태도를 지닌다.
준비물	화이트보드(인·모둠당 1개), 보드마카, 칠판에 부착할 낱말 자석 카드, 타이머

○ 준비하기

어떤 주제의 낱말로 놀이할지 먼저 정합니다. 책에 나오는 낱말, 교과 수업에 나오는 생소한 낱말, 일상에서 발견한 낯선 낱말 등 원하는 대로 선정하면 됩니다.

놀이 전, 칠판 등 잘 보이는 곳에 낯선 낱말을 적고 뜻을 찾아보도록 합니다. 낱말의 뜻을 알아야 문장을 수월하게 만들 수 있기 때문에 꼭 필요한 과정입니다.

○ 놀이 방법

❶ 낱말 카드들을 칠판에 마구잡이로 붙입니다.

❷ 모둠(개인)별로 순서를 정하고, 선생님의 '무궁화꽃이 피었습니다' 소리에 맞추어 순서대로 칠판을 향해 다가갑니다.

❸ 칠판까지 도착하면 필요한 낱말 카드를 원하는 만큼 칠판에서 떼어 갑니다. 낱말을 떼다가 술래에게 걸리면 출발선으로 되돌아갑니다.

❹ 낱말 카드를 가져오면 제한 시간(1분) 동안 최대한 많은 문장을 만듭니다.

❺ 완성된 문장 수만큼 점수를 얻습니다. 문맥상 틀린 문장을 만들었을 때 점수가 깎이는 규칙을 추가할 수도 있습니다.

❻ 앞선 과정을 반복하여 놀이를 진행하고 점수가 가장 큰 모둠(개인)이 승리합니다.

○ 놀이하기

초등학교 2~4학년 아이들을 대상으로 놀이해 보았습니다. 여기서는 책에서 발견한 낱말 10개를 골라 진행했습니다. 총 4개 모둠을 구성하고 낱말을 가져올 순서(출발 순서)를 정했습니다. 개인전은 모두 동시에 출발하므로 순서 정하는 과정을 건너뜁니다.

'무궁화꽃이 피었습니다' 신호를 반드시 '무궁화꽃'으로 하지 않고 노인 연기를 하며 이동하는 '할미꽃이 피었습니다', 폴짝폴짝 뛰면서 이동하는 '줄넘기꽃이 피었습니다' 등 여러 가지로 변형해도 좋습니다.

놀이를 시작하기 전에 칠판에 모든 낱말을 적고 뜻을 찾는 시간을 가졌습니다. 놀이에 활용될 것이라고 안내하니 아예 낱말 뜻을 외우는 아이들도 많았습니다. 처음엔 모두가 알 만한 쉬운 낱말로 연습했고, 반복할수록 낱말의 난도를 높였습니다.

누군가 최초로 낱말을 가져간 순간부터 1분 타이머를 작동했습니다. 아이들은 제한 시간 동안 머리를 맞대어 최대한 많은 문장을 만들었습

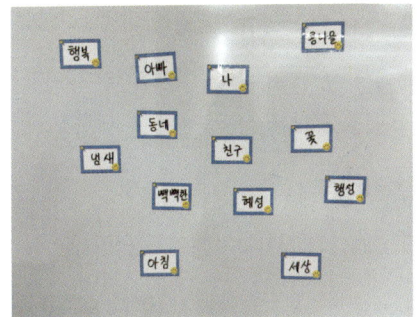 

칠판에서 낱말 카드를 가져와 문장을 만드는 모습

니다. 당시에 최대로 많이 만든 모둠이 5개 문장을 만들었습니다. 제한 시간이 끝나면 선생님은 아이들이 만든 문장을 확인한 후 점수를 매깁니다.

○ 유의 사항

- 아이들이 자리에서 칠판까지 안전하게 이동할 수 있도록 주의합니다.
- '무궁화꽃이 피었습니다'가 끝났는데 움직였을 경우, 걷지 않고 뛰어서 이동했을 경우엔 다시 처음 위치로 돌아갑니다.
- 만약 칠판에 붙일 만한 자석 카드가 없다면 붙임쪽지를 활용해도 좋습니다.
- 모둠 놀이의 경우, 각 모둠의 첫 번째 학생이 낱말을 모둠으로 가져간 순간부터 1분 타이머를 작동해 시간을 잽니다.
- 만약 아이들이 너무 쉬운 낱말, 이미 골랐던 낱말만 고르려 한다면 게임 도중에 낱말을 바꿔서 난이도를 조절할 수 있습니다.

- 만약 책에 나오는 낱말로 이 놀이를 한다고 해도 모든 사람이 같은 책을 읽을 필요는 없습니다. 각자 자신이 읽은 책에서 발견한 낯선 낱말로 진행해도 됩니다.
- 도서관에 있는 책, 잡지, 신문 등 여러 자료에서 낱말을 발췌할 수 있습니다. 또는 학생들이 다양한 주제의 책을 직접 골라 책에 나온 낱말 중 어렵거나 처음 보는 낱말을 골라 낱말 카드를 만들 수도 있습니다. 사회과학 분야의 〈법〉, 자연과학 분야의 〈동물〉 등 각 교과 단원과 연계된 주제별 도서를 골라 읽으며 낯선 주제에 대한 독서 편식을 예방할 수 있습니다.

참고자료

『단어수집가』(문학동네, 2018)
아이들과 먼저 읽고 놀이를 진행하면 좋습니다. 우리 주위에서 발견할 수 있는 생활 낱말, 평소에 접하기 어려운 낯선 낱말 등을 알려 주어 어휘력을 넓혀 줍니다.

08 낱말 알까기

▲ 도움 PPT

알까기와 땅따먹기를 결합한 놀이입니다. 학생들이 병뚜껑을 튕겨서 특정 칸을 차지하면, 그 칸에 있는 낱말로 문장을 만들어 땅을 차지합니다. 손가락의 세밀한 힘 조절이 필요하다는 점과 운이 작용한다는 점에서 매력적인 놀이입니다. 실력에 관계없이 참여할 수 있으며, 이 놀이를 통해 낱말을 활용한 창작력을 기를 수 있습니다.

○ 놀이 정보 한눈에 보기

대상	초등학교 2학년 이상
대형	모둠 활동(2명)
성취기준	[2국01-03] 상대의 말을 집중하여 듣고 말차례를 지키며 대화한다. [2국05-01] 말놀이, 낭송 등을 통해 말의 재미와 즐거움을 느낀다. [4국04-01] 단어와 단어 간의 의미 관계를 파악한다.
준비물	놀이판, 바둑알(또는 병뚜껑), 색칠 도구

○ 준비하기

놀이에 사용할 낱말은 수업 시간에 배운 교과 용어나 아이들과 함께 읽은 책에서 선정합니다. 놀이판은 2가지 유형이 있습니다. 첫째는 선생님이 수업 전에 선정한 낱말을 미리 채우는 '기본형'이고, 둘째는 아이들이 직접 칸을 채우는 '응용형'입니다. 놀이판은 문서 프로그램을 활용하여 5*5 크기로 제작할 수 있으며, 각 칸에 선정한 낱말을 채운 뒤, A4 용지 크기로 출력합니다.

고진감래	부정	전광판	다다익선	빈곤
잔반	시말서	분류	납기	과유불급
	선거, 당선	연기	구사일생	
유추	난형난제	기고만장	세금, 내역	다재다능
난공불락	가치, 감상	분석	낭중지추	형태

놀이판과 바둑알을 활용한 놀이 예시 장면

놀이판은 2인용을 기준으로 제작하고, 참여자를 구분하기 위해 서로 다른 색의 병뚜껑이나 흑백 바둑알을 준비합니다. 각자 차지한 땅을 다르게 표시해야 하므로 색이 다른 색칠 도구 2개를 준비합니다.

○ 놀이 방법

1. 놀이판 양쪽 끝에 바둑알(병뚜껑)을 놓은 뒤, 가위바위보로 순서를 정합니다.
2. 본인 차례가 되면 바둑알을 팅겨서 네모 칸 안에 넣습니다.
3. 바둑알이 칸에 들어가면, 해당 칸에 적힌 낱말을 활용하여 문장을 만듭니다.
4. 만든 문장이 적절하면 색칠 도구로 해당 칸을 차지했다는 표시를 남깁니다.
5. 모든 칸이 색칠되면, 1칸당 1점으로 계산합니다. 더 높은 점수를 얻은 사람이 승리합니다.

○ 놀이하기

초등학교 3학년을 대상으로 『아무네 가게』(고래가숨쉬는도서관, 2022) 중 1~2챕터를 함께 읽고, 책 속에 등장한 낱말을 활용해 놀이했습니다. 놀이 전에 3학년 수준에서 낯설 만한 낱말을 사전에 선정하고, 일정 시간을 주어 낱말 뜻을 익히도록 했습니다.

놀이 시간은 4*4 놀이판을 기준으로 약 15~20분이 소요되었습니다. 놀이 중간에 낱말 뜻을 설명하도록 유도하면, 아이들이 낱말을 제대로 알고 있는지 점검할 수 있습니다. 만약 아이들이 낱말 뜻을 잘 모르고 있다면, 즉시 알려 주어야 합니다.

	단어	뜻
1	체통	역할에 알맞은 점잖은 태도
2	헛구역질	토해내는 것이 없이 하는 구역질
3	자취	남아 있는 흔적
4	맹수	호랑이나 사자와 같이 아주 무섭고 사나운 짐승
5	호시탐탐	남의 것을 빼앗으려고 틈만 나면 기회를 엿봄
6	미동	약간의 움직임
7	저승	죽은 사람의 영혼이 가서 산다는 세계
8	집사	고양이를 시중들듯이 살뜰히 돌보는 사람
9	경건하다	공경하고 엄숙한 태도
10	당혹스럽다	난처하다
11	고린내	고약한 냄새
12	멱살을 잡다	화가 나서 상대의 옷깃을 잡다
13	악랄하다	잔인하다
14	밀봉	단단히 꼭 붙여 놓음
15	불한당	남을 괴롭히는 사람들
16	불상사	운이 좋지 않은 나쁜 일
17	꺼림칙하다	마음에 걸려서 언짢고 싶은 느낌
18	망연자실	멍하니 정신을 잃다
19	오금이 저리다	공포심에 마음이 졸아든다
20	애원하다	소원을 들어달라고 간절히 바라다
21	자수	옷 위에 무늬를 수놓는 일 범인이 스스로 범죄를 고백하는 일

단어 예시

자수	저승	맹수	밀봉
난처하다	애원하다	자취	집사
멱살을 잡다	고린내	불상사	호시탐탐
헛구역질	망연자실	경건하다	미동

놀이판 예시

놀이 중에 아이들 간에 의견 충돌이 발생할 수 있습니다. 예를 들어, 땅따먹기에서 한 아이가 구분신에 걸쳤다고 주장할 경우, 다른 아이와 의견 차이로 갈등이 생길 수 있습니다. 이때 선생님은 명확하고 공정한 판단을 내려 상황을 정리해야 합니다.

○ 유의 사항

- 가위바위보가 아닌 다양한 방법으로 순서를 정할 수 있습니다.
- 바둑알이 칸 안에 완전히 들어오지 않은 경우에는 좀 더 많은 공간을 차지한 칸에 들어간 것으로 판단합니다. 어느 칸을 더 차지했는지 판단하기 애매한 경우에는 재도전 기회를 줍니다.

참고자료

『아무네 가게』(고래가숨쉬는도서관, 2022)
초등학교 3학년에게는 책에 등장하는 낱말이 다소 어려울 수 있지만, 이야기의 흐름을 이해하는 데는 전혀 지장이 없어서, 어휘력을 한 단계 성장시키는 데 큰 도움이 됩니다.

09 낱말 친구 찾기

 ▲도움 PPT  ▲활동지

책에 등장하는 낯선 낱말을 스스로 찾아 학습하는 놀이입니다. 아이들이 책을 읽을 때, 앞뒤 문맥으로 낱말 뜻을 짐작할 수는 있지만 정확한 뜻을 이해하는 것은 아닙니다. 이 놀이를 통해 아이들은 국어사전을 활용법을 익힐 수 있으며, 모둠별로 협동력을 기를 수 있습니다.

○ 놀이 정보 한눈에 보기

대상	초등학교 3학년 이상
대형	모둠 활동(4명)
성취기준	[2국02-01] 글자, 단어, 문장, 짧은 글을 정확하게 소리 내어 읽는다. [4국04-01] 단어와 단어 간의 의미 관계를 파악한다. [6국04-06] 글과 담화에 쓰인 단어 및 문장, 띄어쓰기를 민감하게 살펴 바르게 고치는 태도를 지닌다.
준비물	활동지, 필기도구, 수 세기 칩, 천 주머니, 가위, 국어사전

○ 준비하기

참여자 수만큼 활동지를 프린트합니다. 활동지 안에 낱말을 모두 채워 넣으면 각 칸을 잘라야 하므로 가위를 준비합니다. 아이들이 자르는 것을 어려워할 수 있으므로 점선 칼을 활용해도 좋습니다.

점선 칼

○ 놀이 방법

❶ 아이들과 짧은 글, 교과서 지문 등을 읽습니다.

❷ 각 모둠에 함께 읽은 책, 활동지, 국어사전, 천 주머니를 나누어 줍니다.

❸ 낯선 낱말은 국어사전을 활용하여 뜻을 찾아 채웁니다.

❹ 활동지의 낱말과 뜻 부분을 모두 가위로 자릅니다.

❺ 각 부분을 모두 자른 후, 낱말 종이는 모둠별로 미리 나누어 준 천 주머니에

넣습니다. 모둠에서는 뜻이 적힌 종이만 보관합니다.

❻ 모둠끼리 낱말 종이가 담긴 천 주머니를 교환한 후, 1장씩 꺼내 자기 모둠의 뜻 종이와 연결합니다.

❼ 연결에 성공한 개수만큼 점수를 얻습니다. 즉 자기 모둠에서 쓴 낱말과 다른 모둠에서 쓴 낱말을 비교해 동일한 낱말 수만큼 점수를 얻게 됩니다.

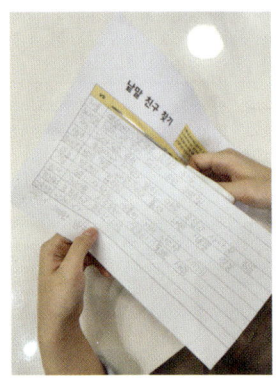 

낱말과 뜻 조각을 서로 연결하는 모습

○ 놀이하기

초등학교 4학년 아이들과 『옹진골 옹고집』(국민서관, 2024)에 등장하는 어려운 낱말을 이해하기 위해 함께 놀이해 보았습니다. 『옹진골 옹고집』은 판소리계 소설 『옹고집전』을 어린이도 즐길 수 있도록 풀어 쓴 그림책입니다.

놀이에 앞서 선생님이 책을 읽어 준 후, 아이들이 어려워할 만한 낱말을 제시하고 낱말의 뜻을 물어봅니다. 간단한 어휘력 점검이 끝나면, 방금 읽어 준 책을 모둠별로 1권씩 나눠 주고, 국어사전과 활동지를 인원수에 맞게 준비하면 됩니다. 다음은 아이들이 해당 책을 읽고 작성한 활동지의 일부입니다.

낱말	뜻
고을	지난날, 도를 몇으로 나눈 행정 구역
볶다	못 견디도록 재촉하거나 성가시게 하다
툭하면	무슨 일이 있기만 하면 버릇처럼 곧
세상천지	'세상에'의 힘줌말
지경	어떤 처지나 형편

'볶다'의 경우에는 '① 음식이나 음식의 재료를 냄비 등에 담아 불에 올려놓고 저으면서 익히다', '② 못 견디도록 재촉하거나 성가시게 하다' 2가지 뜻을 가진 다의어입니다. 이럴 때 아이들은 현재 읽고 있는 내용 흐름에 가장 잘 어울리는 뜻을 골라 적어야 합니다. 이처럼 다의어, 동음이의어에 해당하는 낱말은 맥락 파악이 매우 중요합니다. 활동지 작성은 5~10분 정도 소요되며, 책의 난이도에 따라 낱말 개수를 조정할 수 있습니다.

실제로 보면 모둠마다 낯설게 느낀 낱말이 다릅니다. 그러므로 점수를 얻기 위해, 다른 모둠이 어떤 낱말을 낯설게 느꼈을지 짐작하는 재미도 있습니다.

○ 유의 사항

- 천 주머니가 없을 경우, 불투명한 봉투를 활용하면 좋습니다. 불투명 봉투가 없다면 낱말 조각을 1회 접어, 안에 적힌 내용이 보이지 않도록 한 뒤 비닐봉지에 모아도 좋습니다.

- 조금 더 놀이 요소를 가미하고 싶으면, 낱말과 뜻의 연결 시간을 더 짧게 제한하거나, 다른 모둠의 천 주머니와 다시 바꾸어 놀이할 수도 있습니다. 해당 규칙들을 추가로 적용하면, 총 10분 동안 주머니를 2번 교환할 수 있고, 주머니 하나당 낱말과 뜻을 맞춰 볼 시간이 각각 5분씩으로 제한됩니다. 물론, 여유만 있다면 3번 이상도 주머니를 교환할 수 있습니다.

- 다른 모둠의 낱말 종이와 우리 모둠의 뜻 종이를 일대일로 연결하고 나면 뜻 종이가 너무 많이 남는 경우가 있습니다. 이때는 빈 낱말 조각을 해당 모둠에 주고, 우리 조의 뜻 종이에 연결되는 낱말을 적어 추가점수를 주는 방법도 있습니다.

참고자료

『옹진골 옹고집』 (국민서관, 2024)
고전소설을 어려워하는 아이들이 많습니다. 왠지 딱딱하고 재미없게 느껴지기 때문입니다. 그래서 수업 시간에 함께 읽으며 고전소설의 즐거움을 느끼게 해 주고 싶었습니다. 또한, 고전소설 속에는 요즘 학생들이 접하기 어려운 낱말이 많이 등장하는데, 이를 놀이로 접목해서 낯선 낱말을 자연스럽게 느낄 수 있도록 했습니다.

10
낱말 텔레파시

 ▲ 도움 PPT  ▲ 활동지

낯선 낱말을 암기해야 한다는 부담감을 기대감으로 전환하는 놀이입니다. 수업 시간에 시행하면 좋은 놀이로, 점수 계산과 경쟁 요소가 더해져 아이들에게 재미를 주고, 아이들의 집중력을 키워 줍니다.

○ 놀이 정보 한눈에 보기

대상	초등학교 3학년 이상
대형	개별 활동
성취기준	[4국04-01] 단어와 단어 간의 의미 관계를 파악한다. [6국04-06] 글과 담화에 쓰인 단어 및 문장, 띄어쓰기를 민감하게 살펴 바르게 고치는 태도를 지닌다.
준비물	'낱말-뜻' 종이, 활동지, 필기도구

○ 준비하기

수업에 앞서 오늘 배울 낱말과 뜻이 정리된 표('낱말-뜻' 종이)를 제작합니다. 활동지는 참여자 수에 맞춰 준비하되, 상황에 따라 놀이를 2회 진행할 수 있으므로 각 참여자가 종이를 2장씩 받을 수 있도록 넉넉하게 출력하면 좋습니다.

○ 놀이 방법

❶ 선생님은 '오늘 배울 낱말'을 선정하고, 각 낱말과 뜻을 표로 정리합니다.

❷ 놀이 전, 아이들은 선생님이 나눠 준 종이를 보며 낱말과 뜻을 익힙니다.

❸ 아이들이 낱말을 익히는 동안, 선생님은 활동지를 작성하고 나눠 줍니다.

❹ 낱말 암기가 끝나면, 아이들은 선생님이 선정했을 법한 낱말을 예상하여 활동지에 적습니다.

❺ 아이들이 활동지를 다 채우면 선생님은 낱말의 뜻을 순서대로 말합니다. 아이들은 뜻만 듣고 해당하는 낱말을 찾습니다.

❻ 활동지에 쓴 낱말을 토대로 점수를 계산합니다. 점수 계산 방법은 다음과 같습니다.

선생님이 말한 뜻의 낱말을 쓰고, 순서도 일치한 경우	5점
선생님이 말한 뜻의 낱말을 썼지만, 순서가 일치하지 않는 경우	3점
내가 쓴 낱말을 선생님이 부르지 않은 경우	1점

❼ 놀이가 끝난 후, 가장 높은 점수를 획득한 사람이 우승자가 됩니다.

○ 놀이하기

초등학교 3학년을 대상으로 독서 수업과 연계해서 진행해 보았습니다. 함께 읽을 책으로『호모 플라스티쿠스』(이지북, 2023)를 선정하고, 거기서 초등학교 3학년 수준에 어려운 낱말을 뽑아 '낱말-뜻' 종이를 준비했습니다. 여기서는 11개의 낱말을 학습하고 6개의 낱말을 맞히는 것으로 제작되었으나, 상황에 따라 낱말 수를 조정할 수 있습니다.

아이들이 놀이에 익숙해지면 'Wordwall' 사이트에서 제공하는 템플릿으로 스피드 퀴즈를 진행했습니다. 해당 사이트는 무료로 이용이 가능하며, 인터페이스가 직관적이라 빠르게 기능을 익히고 자료를 제작할 수 있습니다.

Wordwall 사이트

마지막으로 그날 학습한 11개의 낱말 중 6개를 적도록 합니다. 맥락만으로 낱말을 이해할 수 있지만, 놀이를 통해 정확한 뜻을 학습함으로써 낱말 암기 속도가 빨라지는 것을 느낄 수 있었습니다.

	낱말	뜻
1	포수	야구에서, 투수가 던지는 공을 받는 선수
2	폭염	매우 심한 더위
3	폭우	갑자기 세차게 쏟아지는 비
4	북새통	많은 사람이 야단스럽게 부산을 떨며 법석이는 상황
5	포위	주위를 에워쌈
6	영락없이	조금도 틀리지 아니하고 꼭 들어맞게
7	기금	돕기 위하여 대가 없이 내놓은 돈
8	만능주의	무엇이든지 다 할 수 있다고 생각하는 입장
9	배역	배우에게 역할을 나누어 맡기는 일
10	연금술사	연금술에 관한 기술을 가진 사람
11	명패	이름을 써서 책상 위에 놓아 두는 패

아이들이 책에서 어렵다고 느낀 낱말 11개를 찾아 정리한 예시

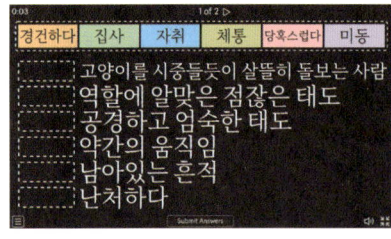

Wordwall 매치업 템플릿 활용

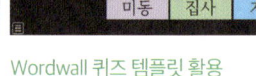

Wordwall 퀴즈 템플릿 활용

○ 유의 사항

- 6개의 낱말을 모두 불렀지만 하나도 겹치지 않았다면, 마지막 남은 빈칸에 '1점'을 작성합니다.
- 1라운드에서는 낱말 표를 보여 주고, 2라운드부터는 안 보여 줌으로써 난이도를 조절해도 좋습니다.

참고자료

『채사장의 지대넓얕 1: 권력의 탄생』 (돌핀북, 2021)

지식을 다루는 교양서적을 통해서 일상에서 접하기 어려운 낱말을 소개할 수 있습니다. 어린이 버전 인문학 책으로, 친숙한 캐릭터가 등장해 재미난 이야기를 엮습니다. 아이들의 흥미를 유발하면서 어휘력을 증진시킬 좋은 도구입니다.

『편의점을 털어라!』 시리즈 (북멘토, 2022~)

어린이에게 익숙한 편의점에 얽힌 스토리와 인문학 지식을 엮어서 전달합니다. 아이들이 이해하기 쉽도록 친절한 삽화와 구어체가 이 시리즈의 특징입니다. 수업 시간에 사용한다면 한 챕터씩 나눠서 읽어도 좋습니다.

문해력 놀이 3단계
낱말 넓히기

친구와 가까워지는 가장 빠른 방법은 비밀을 공유하는 것입니다. 둘만 아는 비밀이 생기는 순간, 특별한 관계가 되는 법이지요. 낱말도 겉으로 보이는 뜻을 넘어, 숨겨진 뜻을 알기 시작하면, 글의 내용과 글 안에 담긴 감정을 더 잘 파악할 수 있습니다.

3단계 '낱말 넓히기'에서는 관용어, 속담 등 사회·문화적 맥락에서 특별한 뜻을 갖는 낱말을 다루어, 어휘력을 더 풍성하고 정교하게 키우는 놀이를 소개합니다. 또한 직접 글을 쓰는 놀이를 통해 낱말 활용력과 자신감도 키울 수 있습니다.

01 동서남북 사자성어

▲ 도움 PPT

▲ 활동지

'동서남북' 종이접기 놀이를 활용한 놀이입니다. 사자성어뿐만 아니라 초성 놀이, 독서 퀴즈, 접속사 놀이 등 다양하게 활용할 수 있습니다. 아이들이 좋아하는 종이접기에 경쟁 요소가 더해져서 더욱 흥미롭게 사자성어를 배울 수 있습니다.

○ 놀이 정보 한눈에 보기

대상	초등학교 5학년 이상
대형	모둠 활동(2~4명)
성취기준	[6국04-03] 고유어와 관용 표현의 쓰임과 가치를 이해하고 상황에 맞게 표현한다.
준비물	밝은색의 색종이, 사자성어 관련 도서나 사자성어를 정리한 학습자료

○ 준비하기

자주 쓰이는 사자성어를 10~12개 정도 선정해 학습자료를 만듭니다. 요즘 아이들에게는 사자성어가 생소할 수도 있으니, 사자성어 관련 도서나 사자성어가 쓰인 방송 영상 등을 예시로 보여 주며 흥미를 유발해도 좋습니다.

동서남북을 여러 개 접어야 할 수도 있기 때문에 색종이는 학생 수보다 넉넉하게 준비합니다. 사자성어는 동서남북을 접고 나서 써야 합니다. 글씨가 잘 보이게 하려면 밝은색의 색종이를 사용하는 것이 좋습니

자주 쓰는 사자성어	
일석이조	돌 1개로 새 2마리를 잡는다. 1가지 일로 2가지 좋은 결과를 얻는다는 뜻.
작심삼일	마음먹고 3일밖에 가지 않는다. 결심이 오래 가지 않는다는 뜻.
동문서답	동쪽을 묻는데 서쪽을 대답한다. 물어본 것과 전혀 다른 것을 답한다는 뜻.
...	...

동서남북 종이에 쓸 사자성어를 준비한다.

다. 색종이 색이 지나치게 어두우면 동서남북에 아무리 밝은 색으로 글씨를 써도 잘 보이지 않습니다.

동서남북 접는 법은 유튜브 등에 다양한 수준의 영상으로 안내되어 있습니다. 상황에 따라 선생님이 하나를 골라 진행할 수 있습니다.

○ 놀이 방법

- 기본 놀이 방법

❶ 학습자료를 보며 사자성어와 그 뜻을 익힙니다.

❷ 선생님의 안내에 따라 색종이로 동서남북을 접습니다.

① 색종이를 십자(十) 모양으로 접습니다.

② 십자 모양으로 접은 선에 맞추어 모서리가 중앙으로 올 수 있도록 접습니다. 이런 식으로 딱지 모양으로 접습니다.

③ 종이를 뒤집은 다음, ②와 같이 모서리가 중앙으로 오도록 접습니다.

④ 종이를 오므린 다음, 사진과 같이 동서남북을 만듭니다.

❸ 동서남북의 각 칸에 사자성어의 앞부분 혹은 뒷부분의 2글자나 초성 등을 적습니다. 다음과 같이 초성, 빈칸 등을 섞어서 적거나 앞부분 2글자만 적어서 완성합니다.

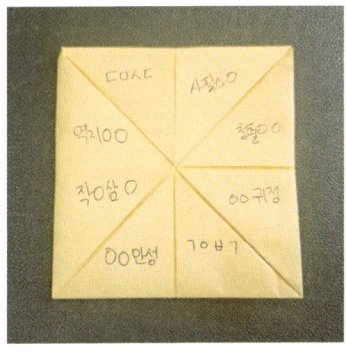 

❹ 짝과 돌아가며 동서남북 놀이를 시작합니다.
❺ 동서남북 중 한 방향을 정하고 접었다 펼 횟수를 부릅니다(예: 동쪽으로 3번).
❻ 친구가 부른 횟수만큼 동서남북 잡은 손을 움직입니다.
❼ 해당하는 방향에 적힌 사자성어 문제를 읽고 맞힙니다. 뜻도 함께 말해야 하는데, 이때 사자성어 자료를 보지 않은 채 말해야 합니다.

- 변형 놀이 방법: 동서남북 독서퀴즈
  ❶ 사자성어 대신에 독서퀴즈를 넣은 방식입니다. 책 1권을 다 함께 읽고 참여자 1명당 8개의 독서퀴즈(1~8번)를 냅니다. 문제와 정답, 점수를 활동지에 적습니다.
  ❷ 동서남북을 접고 8개 칸에 1부터 8까지의 숫자를 적습니다.

❸ 동서남북 놀이를 하며 퀴즈를 풀고 점수를 기록합니다. 예를 들어 숫자 '7'이 걸렸다면 상대방이 낸 문제 중 7번 문제를 풀어야 합니다.

○ 놀이하기

초등학교 5학년 아이들과 함께 놀이해 보았습니다. 먼저 아이들에게 가장 대중적으로 사용하는 사자성어 10개를 정리하여 나누어 주었습니다. 각 사자성어를 소개한 뒤 10분의 시간을 주고, 사자성어와 그 뜻을 기억하도록 안내했습니다.

동서남북 접는 법은 유튜브 동영상으로 학습했습니다. 동서남북에는 8개의 문제를 적을 수 있으므로 10개의 사자성어 중에서 8개만 골라 문제를 내야 합니다. 놀이를 1회만 할 것이 아니기 때문에 여러 개의 동서남북을 만들어도 괜찮습니다. 이때는 총 3번 놀이했습니다. 첫 번째는 각자 문제를 냈고, 두 번째는 자신이 생각하는 난이도에 따라 차등적으로 점수를 부여해 놀이했습니다. 세 번째는 다른 친구가 만든 동서남북으로 놀이했습니다.

○ 유의 사항

- 놀이 전, 아이들이 제시된 사자성어를 충분히 공부하도록 안내합니다.
- 동서남북에 문제를 적을 때, 난이도에 따른 점수를 함께 적으면 재미 요소를 추가할 수 있습니다.
- 모둠으로 놀이 할 때는 책상 한가운데에 종을 1개 준비합니다. 순서를 정해 돌아

가면서 문제를 내고, 정답을 아는 학생은 종을 친 후 정답을 말합니다. 가장 많은 점수를 얻은 학생이 승리합니다.

> **참고자료**

『**읽으면서 바로 써먹는 어린이 사자성어**』(파란정원, 2021)
초등학생들이 쉽게 사자성어를 익힐 수 있는 책입니다. 사자성어를 사용하는 상황이 귀여운 그림과 함께 잘 설명되어 있습니다.

『**청소년을 위한 친절한 사자성어**』(문예춘추사, 2024)
청소년을 위한 사자성어 책으로, 시험에 자주 출제되는 사자성어 등 일상에서 흔히 쓰이는 사자성어가 잘 정리되어 있습니다.

02 짜장과 단무지

▲ 도움 PPT

관용 표현 학습에 좋은 놀이입니다. 관용 표현을 앞부분과 뒷부분으로 나누어 짝을 맞추는 놀이로, 전체적인 놀이 방법은 일본의 전통 놀이 '하큐닌 잇슈(카루타)'에서 착안하였습니다. 어렵게 느껴지는 속담, 관용 표현, 사자성어를 구하기 쉬운 도구를 활용하여 재미있게 놀이할 수 있습니다. 놀이 방법도 쉬워서 반복하여 활용하기 좋습니다.

○ 놀이 정보 한눈에 보기

대상	초등학교 4학년 이상
대형	전체, 모둠 활동(4~5명)
성취기준	[6국04-03] 고유어와 관용 표현의 쓰임과 가치를 이해하고 상황에 맞게 표현한다.
준비물	낱말 카드, 빨판 막대

○ 준비하기

놀이 주제를 선정하고 나서 활동 자료를 제작합니다. 쉽게 활용할 수 있는 주제는 속담이나, 관용 표현, 사자성어 등이 있습니다. 여기서는 구절 또는 문장을 앞부분, 뒷부분으로 나누기 때문에 2개 이상의 낱말로 조합된 표현만 선정해야 합니다. 도서관 수업에서는 책 제목을 자료로 활용할 수 있습니다. 자료는 직관적으로 알아볼 수 있도록 앞부분과 뒷부분을 서로 다른 색으로 구분하면 좋습니다.

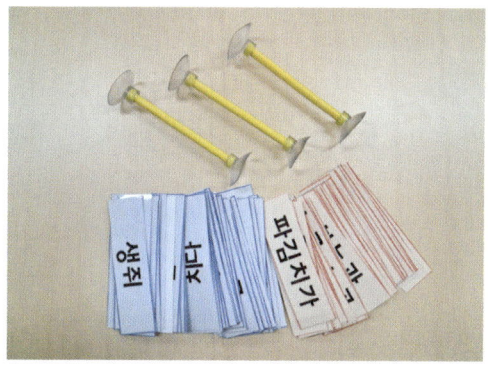

낱말 카드와 빨판 막대

가방끈이	길다	눈이	멀다	모르는 게	약이다
간이	부었다	눈이 빠지도록	기다리다	목에	힘주다
간이	서늘하다	눈이 번쩍	뜨이다	물에 빠진	생쥐
게 눈	감추듯	동에 번쩍	서에 번쩍	미역국을	먹다
귀가	얇다	등을	떠밀다	바가지	긁다
귀를	의심하다	마른침을	삼키다	발 벗고	나서다
눈에	띄다	마른하늘에	날벼락	발을	구르다
기가	차다	마음은	굴뚝같다	배꼽을	쥐다
눈을	붙이다	맥이	풀리다	불 보듯	뻔하다
눈이	맞다	머리를	맞대다	삼천포로	빠지다

관용 표현을 두 부분으로 나눈 예시

○ 놀이 방법

일본의 전통 놀이 '햐큐닌 잇슈(카루타)'에서 착안한 놀이입니다. 한 사람이 카드에 쓰인 구절이나 문장의 앞부분을 읽으면, 다른 사람이 그것과 짝이 되는 뒷부분을 찾습니다. 놀이가 끝났을 때 가장 많은 카드를 찾은 사람이 이깁니다.

- 기본 놀이 방법
  ❶ 책상 위에 뒷부분 카드만 보이도록 펼쳐 둡니다.
  ❷ 앞부분 카드는 보관함에 넣어 둡니다.
  ❸ 진행자(혹은 선생님)가 앞부분 카드를 읽어 줍니다.
  ❹ 읽어 준 앞부분과 짝이 맞는 뒷부분을 가장 먼저 찾으면 점수를 줍니다.
  ❺ 가장 많은 점수를 모으면 승리합니다.

- 일대일 놀이 방법

  ❶ 책상 위에 뒷부분 카드만 보이도록 펼쳐 두고, 앞부분 카드는 더미로 쌓아 둡니다.

  ❷ 한 사람씩 번갈아 가며 앞부분 카드를 뒤집어 읽습니다. 모둠 안에서 여러 명이 놀이할 때는, 어떤 순서로 시작할지 정한 뒤, 앞부분 카드를 1장씩 뒤집어 읽습니다.

  ❸ 앞부분 카드와 짝이 맞는 뒷부분 카드를 빠르게 찾아 가져갑니다.

  ❹ 가장 많은 카드를 가져간 사람이 승리합니다.

- 모둠 놀이 방법

  ❶ 책상 위에 뒷부분 카드만 앞면이 보이도록 펼치고, 앞부분 카드는 중앙에 더미로 쌓아 둡니다.

  ❷ 각 모둠내에서 놀이 순서를 정합니다.

  ❸ 정해진 순서에 따라 모둠별로 1명씩 나와 앞부분 카드를 1장씩 뒤집어 읽습니다.

  ❹ 모둠원이 읽은 앞부분 내용을 듣고, 알맞은 뒷부분 카드를 빠르게 찾습니다.

  ❺ 가장 많은 카드를 가져간 모둠이 승리합니다.

○ 놀이하기

초등학교 5학년 아이들과 놀이해 보았습니다. 몸풀기로 5학년 권장 도서 제목을 활용하여 1라운드를 진행했습니다. 제한 시간(1분 30초) 동안 책 제목 20개의 짝을 맞췄는데, 친숙하게 알고 있는 제목이라 아이들이 열심히 참여하였습니다. 1라운드는 모둠 놀이로 진행하여, 모둠원이 함께 앞부분과 뒷부분을 맞춰 보도록 했습니다.

앞부분	뒷부분	앞부분	뒷부분
날 좀	내버려 둬	금단	현상
네 꿈은	뭐이가?	무기	팔지 마세요
책과	노니는 집	버럭 아빠와	지구 반 바퀴
빨강	연필	핵폭발 뒤	최후의 아이들
서찰을	전하는 아이	곰의	아이들
옹주의	결혼식	블랙	아웃
그 집에서	생긴 일	시간	가게
갈매기에게 나는 법을	가르쳐 준 고양이	돼지	책
나쁜	초콜릿	도서관에서 찾은	인권
세상을 바꾼	아름다운 용기	숲의 아이	욀라

서로 이어지는 앞부분과 뒷부분 카드 예시

2라운드는 난이도를 높여 속담을 주제로 진행하였습니다. 교과 수업 시간에 배운 속담으로 카드를 만들었더니, 아이들의 참여도가 높았습니다. 역시 제한 시간(1분 30초)을 주고, 속담 20개의 짝을 맞추도록 하였습니다.

3라운드는 관용 표현으로 진행하였습니다. 5학년 아이들은 교육과정상 아직 관용 표현을 배우지 않아 낯설어했지만, 미디어를 통해 한 번쯤 들어본 표현이 많아 금세 익숙해졌습니다. 관용 표현이 무엇인지 간단하게 설명한 뒤, 선생님이 앞부분을 읽어 주면 짝이 맞는 뒷부분을 빠르게 찾도록 했습니다. 가장 빨리 뒷부분을 찾은 모둠에 점수를 주었습니다.

놀이 흥미도를 높이기 위해 빨판 막대를 활용하였습니다. 뒷부분 카드를 빨판 막대로 찍어 올리도록 했더니 놀이에 변수가 생겨 더 흥미진진했습니다.

빨판 막대로 낱말 카드를 가져오는 모습

물론 빨판 막대가 잘 붙지 않아 불평하는 아이들도 생겼습니다. 이럴 때는 한 번에 성공하지 못하는 게 놀이의 묘미임을 강조하고 분위기가 과열되지 않도록 신경 썼습니다. 모둠 활동이 끝나고 관용 표현의 뜻을 살펴보았는데, 생각보다 정확한 뜻을 모르는 경우가 많아 놀랐습니다. 놀이 후에는 관용 표현의 정확한 뜻을 학습하면 좋습니다.

◐ 유의 사항

- 동시에 '1등'을 외쳤을 때를 대비하여 선생님만의 규칙을 마련합니다(가위바위보로 1등을 결정하는 등).
- 카드가 바닥에 떨어져 유실되지 않도록 주의합니다.
- 선생님은 아이들의 책상을 둘러보면서 놀이 속도를 조절합니다.
- 빨판 막대를 활용하려면 모든 카드를 코팅해야 합니다.

참고자료

『읽으면서 바로 써먹는 어린이 관용구』 (파란정원, 2018)
"누구 코에 붙이겠는가, 눈도 깜짝 안 하다, 찬물을 끼얹다, 척하면 삼천 리, 콧등이 시큰하다"처럼 일상에서 자주 사용되는 관용구 100개를 골라 아이들의 눈높이에서 설명하고, 비슷한 관용구도 소개하는 책입니다.

『읽으면서 바로 써먹는 어린이 속담』 (파란정원, 2017)
일상생활에 자주 쓰이면서 국어 교과서에도 자주 등장하는 속담을 중심으로, 초등학생이라면 꼭 알아야 할 속담 100개를 소개합니다. 인기 웹툰 작가의 귀여운 캐릭터와 함께 아이들의 눈높이에 맞춘 웹툰형 설명으로 아이들이 속담의 뜻을 쉽게 파악할 수 있습니다.

03
종을 울려라!

 ▲ 도움 PPT    ▲ 활동지

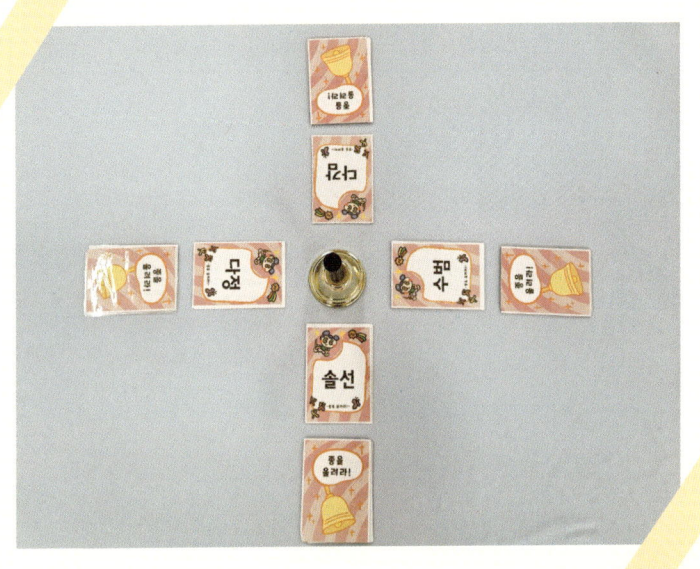

'할리갈리'를 변형한 놀이입니다. 할리갈리의 기본 규칙을 따르지만, 낱말의 짝을 맞추면 종을 치고 카드를 획득합니다. 사자성어, 속담, 관용 표현은 물론, 교과서와 책 속에 등장하는 3글자 이상의 낱말이라면 어떤 것이든 활용할 수 있을 정도로 범용성이 뛰어납니다. 익숙한 놀이이니만큼, 자연스럽게 어휘력을 성장시킬 수 있습니다.

◦ 놀이 정보 한눈에 보기

대상	초등학교 3학년 이상
대형	모둠 활동(3~4명)
성취기준	[4국04-01] 단어와 단어 간의 의미 관계를 파악한다. [6국04-03] 고유어와 관용 표현의 쓰임과 가치를 이해하고 상황에 맞게 표현한다.
준비물	낱말 카드(56장), 종(핸드벨 또는 탁상종)

◦ 준비하기

먼저 낱말 카드를 만들어야 합니다. 카드에 담을 수 있는 주제는 다양합니다. 교과 시간에 배운 낱말을 다시 확인하거나, 학년 수준에 따라 사자성어, 속담, 책 제목 등으로 할 수 있습니다. 단, 3글자 이상의 낱말을 찾아야 합니다.

사자성어를 두 글자씩 나눠 만든 낱말 카드

카드 보관을 편리하게 하고, 간편한 구분을 위해서 모둠별로 카드 색깔을 다르게 하거나, 뒷면 디자인을 서로 다르게 준비할 수 있습니다. 카드는 A4용지 1장에 4장의 카드가 제작되는데, 코팅하는 대신 '카드 프로텍터'에 넣어 활용할 수도 있습니다. 종(핸드벨, 탁상용 종 등)도 활용하면 더 흥미롭게 놀이할 수 있습니다.

○ **놀이 방법**

- 기본 놀이 방법

  ❶ 놀이 전, 56장의 카드를 모두 동일하게 나누어 받은 뒤, 앞면을 확인하지 않고 자기 앞에 뒤집어 놓습니다. 종은 테이블 중앙에 둡니다.

  ❷ 순서를 정해 돌아가면서 각자 카드를 1장씩 뒤집어 공개합니다. 카드를 뒤집을 때 다른 사람이 카드 앞면을 먼저 볼 수 있도록 바깥쪽부터 뒤집습니다.

  ❸ 한 바퀴가 돌아서 다시 본인의 차례가 돌아오면 본인이 놓았던 카드 위에

새 카드를 뒤집어 놓습니다.

❹ 바닥에 펼쳐진 카드 중에 2장의 카드가 연결되어 짝꿍(의미 있는 하나의 낱말. 예를 들면 사자성어, 책 제목, 속담 등 놀이 주제에 맞는 낱말이 완성되는 경우)이 되면, 빨리 종을 치고 가장 먼저 종을 친 사람이 바닥에 놓인 모든 카드를 가져갑니다.

❺ 만약 낱말이 완성되지 않았는데 종을 치면 바닥에 뒤집은 카드를 모두 종 아래에 두고, 다음 판 승리자가 종 밑의 카드도 전부 가져갑니다.

❻ 카드를 모두 잃으면 탈락하고, 최후까지 살아남아 카드를 몽땅 가져간 1인이 승리합니다.

- **변형 놀이 방법: 내가 만드는 카드**

교과 내용을 확인할 때, 또는 읽은 책 내용을 제대로 기억하는지 확인할 때 활용하기 좋은 방법입니다.

❶ 각 참여자에게 14장의 빈 카드를 줍니다.

❷ 책에 등장한 낱말 중 각자 중요하다고 생각하는 3글자 이상의 낱말을 카드 2장에 나누어 씁니다. '허수아비'를 예로 들면, 한 카드에는 '허수'를 쓰고 다른 카드에는 '아비'를 씁니다. 이런 식으로 각자 7개의 낱말을 2장의 카드에 나누어 쓰면 총 14장의 카드를 만들 수 있습니다.

모둠별로 주제를 정해 카드를 만들 수도 있습니다. 예를 들어, [1 모둠]은 '동물', [2 모둠]은 '음식', [3 모둠]은 '나라 이름', [4 모둠]은 '직업'으로 주제를 정하고,

도서관에 있는 책을 1권씩 참고하여 빠르게 카드를 제작합니다. 이때 활용하기 좋은 도서가 도감류입니다. 모둠별 주제를 정할 때도 여러 도감을 참고하면 좋습니다. 우리가 익히 알고 있는 '동물도감', '식물도감'부터 '민속도감', '곤충도감', '꽃도감' 등 활용할 수 있는 주제는 다양합니다.

직접 만든 카드로 놀이하면 아이들의 집중도, 흥미도가 올라갑니다. 카드 제작자가 함께 참여하니 정답 확인도 쉽고, 갈등이 생겼을 때 중재도 빠릅니다. 이때는 무조건 제작자의 의견에 따라야 합니다. 놀이가 지겨워지면, 옆 모둠과 카드를 바꿔 진행해도 좋습니다. 아이들에게 나누어 줄 빈 카드에는 '카드 보강재'를 활용해 실감을 더하면 좋습니다.

○ 놀이하기

초등학교 3~4학년 아이들과 사자성어를 가지고 놀이해 보았습니다. 사자성어가 낯선 아이들을 위해, 별도의 사자성어 학습지를 제공하여 익

1	솔선수범		6	대동단결	
2	다정다감		7	아비규환	
3	시시비비		8	격세지감	
4	전화위복		9	죽마고우	
5	과대망상		10	안하무인	

학습지 예시. 빈칸에는 각 사자성어의 뜻을 쓴다.

숙해지는 시간을 가졌습니다. 뜻이 적혀 있지 않은 학습지를 먼저 받고, 내가 알고 있는 낱말에 동그라미를 친 뒤 뜻을 써 봅니다. 놀이 전 활동이므로, 짧은 시간 동안만 진행합니다.

사자성어에 어느 정도 익숙해졌다면 놀이를 진행합니다. 할리갈리는 아이들이 잘 아는 놀이라 규칙 설명이 쉽습니다. 바닥에 깔린 카드로 사자성어가 완성되면 종을 칩니다. 종이 모둠 수만큼 준비되지 않았다면, 종이컵으로 대신 진행할 수도 있습니다. 종이컵으로 진행할 경우, 가장 먼저 종이컵을 책상에 2번 '따닥' 친 사람이 모든 카드를 가져갑니다.

사자성어가 완성된 줄 알고 종을 울리려다가 다시 놀이를 이어 가는 모습

어떤 경우에는 모든 카드가 바닥에 깔려도 사자성어가 완성되지 않습니다. 이럴 때는 카드를 다시 섞고 놀이를 새로 시작합니다. 사자성어가 익숙하지 않은 아이들은 처음에 나누어 준 사자성어 학습지를 옆에 두고 보면서 진행할 수 있습니다.

참고자료

카드 프로텍터 (투명 슬리브)
보드게임의 카드를 넣어서 보호할 수 있는 프로텍터(카드 슬리브)입니다. 카드가 훼손되는 것을 막아주고 습기로부터 보호합니다. 사이즈가 다양해서 카드 크기에 맞춰 구입할 수 있습니다.

카드 보강재
보드게임 제작용 카드로, 나만의 놀이를 손쉽게 만들어 줍니다. 앞뒷면이 비치는 것을 방지하고, 실제 놀이 카드처럼 탄성이 있어 아이들이 만든 카드도 시제품처럼 그럴싸해집니다. 크기도, 색깔도 다양하니 용도에 따라 선택할 수 있습니다.

할리갈리 종 (보드게임용 탁상종)
'할리갈리 종'으로 검색하면 다양한 제품을 만날 수 있습니다. 아이들이 손바닥으로 내리치는 경우가 많으니 크기가 너무 크지 않고, 윗부분이 뭉툭한 종이 좋습니다.

04 관용어 보석이 주렁주렁

▲ 도움 PPT ▲ 활동지

관용어와 뜻을 연결하여 보석을 얻는 놀이입니다. 관용어는 일상에서 많이 사용하지만, 정확한 의미를 모르면 곤란할 때가 종종 있습니다. 관용어에 익숙하지 않은 아이들이 이 놀이를 여러 번 반복하면 자연스레 관용어를 익힐 수 있습니다. 놀이 전에 관용어가 무엇인지, 언제 쓰이는지 등을 미리 공부하면 놀이의 효과가 더욱 좋습니다.

○ 놀이 정보 한눈에 보기

대상	초등학교 5학년 이상
대형	모둠 활동(3~4명)
성취기준	[6국04-03] 고유어와 관용 표현의 쓰임과 가치를 이해하고 상황에 맞게 표현한다.
준비물	보석칩, 붙임쪽지, 활동지(모둠당 1장), 관용어 학습자료나 관용어 학습 도서, 필기구, 타이머

○ 준비하기

놀이에 활용할 관용어를 고르기 위해 관용어 학습 시간을 갖습니다. 관용어를 소개하는 책이나 스마트 패드로 개별 탐색할 시간을 줍니다. 원활한 놀이 진행을 위해 놀이에 활용하는 관용어의 범위는 선생님이 정해 줍니다. 이 외에 타이머와 붙임쪽지를 준비합니다. 점수 계산을 위해 보석칩을 추가로 준비했습니다.

놀이를 위한 준비물

○ 놀이 방법

❶ 모둠별로 활동지 1장, 붙임쪽지 1세트를 나눠 줍니다.

❷ 새롭게 알게 된 관용어 중 6개를 골라서 각 관용어는 붙임쪽지에, 관용어의 뜻은 활동지에 적습니다.

❸ 다른 모둠과 활동지를 교환합니다. 붙임쪽지는 교환하지 않고 잘 보관합니다.

❹ 제한 시간(1분) 동안 다른 모둠의 활동지에 적힌 뜻을 읽고, 우리 모둠의 관용어 붙임쪽지와 연결합니다.

❺ 제한 시간이 끝나면 놀이판을 작성한 각 모둠에서 1명씩 나온 뒤, 붙임쪽지와 각 뜻을 잘 연결했는지 확인합니다. 올바르게 연결한 개수만큼 보석칩을 획득합니다.

❻ 활동지가 모든 모둠을 한 바퀴를 돌면 모둠별로 획득한 보석칩의 개수를 총합하여, 보석칩을 가장 많이 얻은 모둠이 승리합니다.

○ 놀이하기

초등학교 5~6학년 아이들과 놀이해 보았습니다. 관용어에 익숙하지 않은 아이들이 많아, 먼저 학습지를 나누어 주고 충분히 익혔습니다. 관용어의 쓰임새를 알아보기 위해 패드 검색을 활용했습니다.

    모둠은 3~4명으로 구성하였습니다. 모둠원과 함께 학습지에 나와 있는 관용어 중 8개를 골라 그 뜻을 활동지에 적었습니다. 관용어 8개는 붙임쪽지에 쓰고 모둠에서 잘 보관하였습니다. 아이들이 쓴 관용어를 놀이 전에 암기하면 유리하다는 설명도 덧붙였습니다. 정답을 맞혔을

 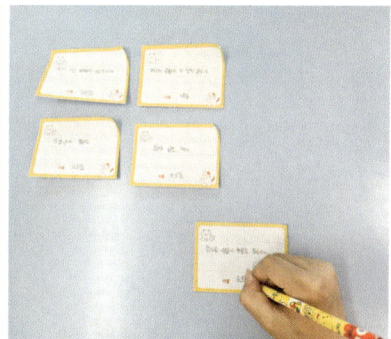

관용어 뜻을 쓴 활동지와 관용어를 쓴 붙임쪽지

때 받을 수 있는 보석칩 개수도 1~3개로 정했습니다. 관용어 난이도에 따라 임의로 보석칩 개수를 조정할 수 있습니다. 여기서는 총 8개의 관용어 중, 보석 3개짜리 문제를 2개, 보석 2개짜리 문제를 3개, 보석 1개짜리 문제를 3개로 정했습니다.

 놀이가 시작되면 모든 모둠이 활동지를 옆 모둠으로 전달합니다. 옆 모둠으로부터 받은 활동지에 적힌 내용을 잘 보고 붙임쪽지에 적어 둔 관용어와 연결되는 것이 있는지 살펴봅니다. 제한 시간은 1분을 주었습니다. 관용어와 뜻을 모두 연결했다면 활동지를 작성한 모둠에서 1명이 대표로 나와 정답을 확인합니다. 정답을 맞힌 만큼 보석칩을 받습니다. 모든 모둠의 활동지가 한 바퀴 돌고 나면 놀이가 종료됩니다.

 보너스 놀이로 그날 배운 관용어를 가지고 2분 동안 '올바른 문장 만들기'를 했습니다. 그날 모든 놀이가 끝나고 가장 많은 보석칩을 얻은 모둠이 승리합니다.

○ 유의 사항

활동지는 자기 모둠을 기준으로 왼쪽 혹은 오른쪽에 있는 바로 옆 모둠에 전달합니다. 다음과 같이 보너스 점수 규칙을 추가해도 좋습니다.

- 주머니에 있는 관용어를 꺼낸다.
- 꺼낸 관용어를 활용하여 문장을 만든다.
- 적절한 문장을 완성할 때마다 보석칩을 1개씩 획득한다.

05 문장부호 달리기

▲ 도움 PPT

문장부호가 전부 빠진 문장을 보고 올바른 문장부호 카드를 배치해 문장을 완성하는 놀이입니다. 이를 통해 문장부호의 기능과 쓰임새를 쉽게 이해하며, 문장을 더 정확히 읽고 쓸 수 있습니다.

○ 놀이 정보 한눈에 보기

대상	초등학교 4학년 이상
대형	모둠 활동(4명)
성취기준	[4국04-03] 기본적인 문장의 짜임을 이해하고 적절하게 사용한다. [6국04-04] 문장 성분을 이해하고 호응 관계가 올바른 문장을 구성한다.
준비물	문장부호 카드, 미션 문장 카드

○ 준비하기

문장부호 카드를 준비합니다. 문장부호 종류는 선생님이 다루고 싶은 정도에 따라 그 범위를 정할 수 있습니다.

　문장부호 카드는 1세트에 34장을 만들고, 다회 이용을 위해서 코팅하거나 카드 프로텍터를 사용하면 좋습니다. 또한 뒷면이 비치지 않도록 두꺼운 용지로 프린트하는 것이 좋습니다.

한편, '작은따옴표, 줄임표, 물결표, 가운뎃점'과 같이 생소할 수 있는 문장부호는 책에 나온 문장을 활용해 미션 카드로 만들었습니다. 반대로 '마침표, 쉼표, 느낌표, 물음표' 같은 보편적으로 사용되는 문장부호는 책에 나온 문장 외에 추가 문장을 만들기 위해 챗GPT를 활용했습니다. 챗GPT를 활용하는 경우에는 문장에 어색한 곳이 없는지 한 번 더 확인하는 단계가 필요합니다.

왜 이렇게 빨리 뛰어	내일은 어떤 날이게 친구가 물었어요
내일은 바다로 여행을 떠날 거예요 기대돼요	너희들 이번 방학에는 어디로 가고 싶어 아빠가 물었어요

◇ 놀이 방법

- 기본 놀이 방법

❶ 모둠별로 미션 문장 카드와 문장부호 카드를 나누어 줍니다.

❷ 미션 문장 카드는 테이블 한가운데에 뒤집어 놓고, 문장부호 카드는 잘 섞어 1명당 5장씩 나누어 줍니다. 남은 문장부호 카드는 미션 문장 카드와 섞이지 않게 모아서 뒤집어 놓습니다.

❸ 미션 문장 카드를 1장 뒤집습니다. 순서에 따라 1명씩 돌아가며 해당 문장을 완성하기 위해 필요한 문장부호를 1장씩 등록합니다.

❹ 만약 등록할 카드가 없으면 문장부호 카드 더미에서 1장을 뽑습니다.

❺ 등록에 성공한 이후부터는 자기 순서에 문장부호 카드를 1장 이상 낼 수 있습니다. 마찬가지로 등록할 문장부호 카드가 없으면 더미에서 1장을 뽑아 갑니다.

❻ 더 이상 등록할 카드가 없으면, 다시 말해 문장이 완성되면, 모든 사람이 문장을 읽습니다. 이때 문장의 분위기와 어감을 살려 실감 나게 읽습니다.

❼ 가지고 있는 모든 문장부호 카드를 등록하면 승리합니다.

- 변형 놀이 방법: 교정부호 알아보기

문장부호에 대해 알아봤다면 교정부호에 대해 알아보는 활동도 추천합니다. 교정부호를 정리하면 다음과 같습니다.

부호	이름
∨	띄움표
⌒	붙임표
～～	뺌표
⌐	줄바꿈표
⌒	줄이음표
∽	자리바꿈표
⌐	오른자리옮김표
⌐	왼자리옮김표

아이들에게 교정 전 문장을 제시합니다. 단, 여기에는 교정부호가 표시되어 있습니다. 선생님은 아이들이 교정부호를 따라 문장을 새로 쓰게끔 하여 교정부호의 쓰임을 제대로 파악하였는지 확인할 수 있습니다.

○ 놀이하기

초등학교 4~5학년 동아리 아이들을 대상으로 문장부호 관련 도서를 함께 읽고 놀이했습니다. 빠른 진행을 위해 책에 나온 문장부호 중에서 일부를 선정해 활용했습니다.

놀이가 시작되면 모두가 카드를 1장씩 등록해야 합니다. '등록'은 '놀이에 참여하는 조건'이라고 생각하시면 됩니다. 문장부호 카드 1장을 등록해야 그다음부터 1장 이상의 카드를 낼 수 있습니다. 문장부호 카드를 등록할 때 같은 위치에 등록할 수 있으나, 같은 위치에 이미 등록된 동일한 문장부호는 등록할 수 없습니다. 예를 들어, '엄마가 밥 먹었어'라고 여쭤보셨다.'라는 문장에서 '밥 먹었어' 뒤에는 [.](마침표), [?](물음표), [!](느낌표) 모두 등록할 수 있으나, '여쭤보셨다.' 뒤에는 마침표가 이미 등록되어 있으므로 [?](물음표), [!](느낌표)만 등록할 수 있습니다. 이때 카드는 순서에 따라 해당 위치에 포개어, 맨 위에 [!]만 보일 수 있도록 해야 합니다. 첫 등록은 단 1장만 낼 수 있습니다. 같은 위치에 다양한 문장부호를 놓을 수 있지만, 같은 자리에 같은 문장부호를 중복해서 낼 순 없습니다. 같은 문장이라도 문장부호의 쓰임에 따라 의미가 달라짐을 알기 위함입니다.

첫 등록을 모두 마친 뒤에는 같은 문장부호가 아니더라도 이미 놓았던 위치에 문장부호를 놓을 수 없고, 해당 미션 문장에서 더 필요한 문장부호와 내가 가지고 있는 문장부호를 비교합니다. 낼 카드가 없는 사람은 문장부호 카드 1장을 다시 받아야 합니다. 만약 자신이 가지고 있는 문장부호 카드가 해당 미션 문장을 완성하는 데 필요하다면 차례를 기다렸다가 그 카드를 내면 됩니다. 해당 미션 문장에 알맞은 문장부호를 놓아 완성하면 모둠원 모두가 실감 나게 문장을 읽고, 다음 문제로 넘어갑니다.

○ 유의 사항

- 난이도 조절이 필요한 경우, 문장부호의 개수와 종류를 조정할 수 있습니다.
- 일부 문장에는 조건을 달아 답을 한정합니다. 예를 들어, 아래 미션 문장 카드를 보면 '장르: 희곡'이라는 조건이 달려 있습니다. 이를 참고하여 "가람: (가쁜 숨을 내쉬며) 왜 이렇게 빨리 뛰어?"(쌍점, 소괄호, 물음표 등 문장부호 활용) 같은 답이 나오도록 합니다.

> **가람 가쁜 숨을 내쉬며
> 왜 이렇게 빨리 뛰어**
>
> 장르: 희곡

- 카드를 나눠 줄 때 난이도에 따라 주어지는 카드 개수를 조정할 수 있습니다.

- 잘못된 자리에 문장부호를 쓰지 않도록 지속적인 순회지도가 필요합니다. 예를 들어, '나는 밥을 먹었어요'라는 문장의 맨 뒤에 물음표를 쓰면 부적절하기 때문에 지도가 필요합니다.

참고자료

『마침표 꼭 찍어야 돼요?』 (사계절, 2024)
문장부호의 종류와 쓰임을 알 수 있는 책입니다. 초등학교 저학년 아이들도 쉽게 이해할 수 있도록 구성되었습니다.

06 헷갈려! 우리말

 ▲ 도움 PPT   ▲ 활동지  ▲ 놀이 카드

하루, 이틀, 사흘, 나흘... 일상에서 자주 접하지만 헷갈리는 맞춤법을 활용한 놀이입니다. 출발점에서 동시에 출발하여 가장 먼저 결승점에 도착하면 승리하는 놀이로, 규칙을 익히기 수월합니다. 일상에서 헷갈리는 맞춤법을 정확하게 숙지할 수 있습니다.

○ 놀이 정보 한눈에 보기

대상	초등학교 3학년 이상
대형	모둠 활동(4명)
성취기준	[4국04-01] 단어와 단어 간의 의미 관계를 파악한다. [6국04-06] 글과 담화에 쓰인 단어 및 문장, 띄어쓰기를 민감하게 살펴 바르게 고치는 태도를 지닌다.
준비물	활동지, 놀이말(학생 수만큼), 놀이 카드 30장, 주사위 1개, 읽기 자료(『이럴 땐 어떻게 말해요?』)

○ 준비하기

놀이에 앞서, 『이럴 땐 어떻게 말해요?』(주니어김영사, 2018)를 함께 읽습니다. 이 책은 열, 스물, 서른 등 우리말로 수를 세는 말, 환갑, 칠순, 팔순 등 나이를 부르는 말, 하루, 이틀, 사흘 등 날짜를 세는 말 등을 소개합니다. 짧은 이야기에 학습 내용이 함께 담겨 있어서 수업 시간에 활용하기 유용합니다.

놀이를 위한 준비물

놀이를 진행하기 위해서 활동지, 놀이말, 놀이 카드, 주사위를 준비합니다. 활동지는 모둠당 1장을 나눠 주는데, A3용지 이상의 크기로 출력할 경우에는 책상 위의 놀이 공간이 좁아질 수 있기 때문에 A4용지 크기로 출력하는 것이 가장 좋습니다. 놀이말은 놀이에 참여하는 아이들 수만큼 필요합니다. 놀이말이 없을 경우에는 지우개나 공깃돌 등을 활용해도 좋습니다. 놀이 카드는 1세트에 50장으로 구성되어 있습니다. 카드 구성은 수를 셀 때 사용하는 우리말 9장, 수를 어림잡는 말 7장, 나이를 세는 말 8장, 날짜를 세는 말 18장, OX 퀴즈 6장, 폭탄 2장으로 이루어져 있으나 아이들 수준에 맞게 조정해도 무방합니다. 놀이 카드는 출력 후 코팅하거나 카드 프로텍터를 씌우면 오랫동안 사용할 수 있으며, 코팅 후 모서리 커팅기로 카드 끝부분을 둥글게 오리면 아이들이 찔리거나 베이는 사고를 예방할 수 있습니다. 마지막으로 주사위는 각 모둠에 1개가 필요합니다.

○ 놀이 방법

❶ 가위바위보를 통해 참여 순서를 정합니다.

❷ 카드 더미를 책상 한가운데에 쌓아 두고, 가장 위에 놓인 카드를 뽑습니다. 카드를 뽑은 사람이 카드에 적힌 문제를 읽고 답을 말합니다.

❸ 정답을 말하면 주사위를 굴려서 나온 숫자만큼 말을 이동합니다. 오답을 말하면 주사위를 굴릴 수 없으며, 놀이말도 이동할 수 없습니다.

❹ 가장 먼저 도착 지점에 다다른 사람이 승리합니다.

○ 놀이하기

초등학교 4학년 아이들을 대상으로 놀이해 보았습니다. 충분한 시간을 확보하기 위해 1차시에는 낱말 익히기에 집중했습니다. 아이들이 낱말에 대해 이미 잘 알고 있는 경우에는 놀이 카드를 먼저 살펴보고, 질의응답 시간을 가지면 좋습니다.

아이들과 『이럴 땐 어떻게 말해요?』(주니어김영사, 2018)를 읽고 내용 확인을 위한 질문을 주고받았습니다. 이 과정에서 아이들이 이해하기 어려운 부분이 있는지 점검하였고, '사흘'과 '4일' 개념이 헷갈릴 수 있음을 감안하여 해당 내용을 다시 강조하였습니다. 이후 점검용 활동지를 제공하여 내용을 어느 정도 숙지했는지 확인하는 시간을 가졌습니다.

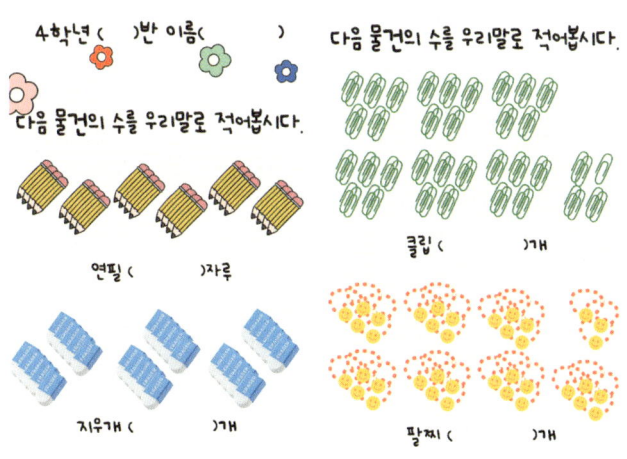

수를 세는 우리말 낱말을 공부하는 활동

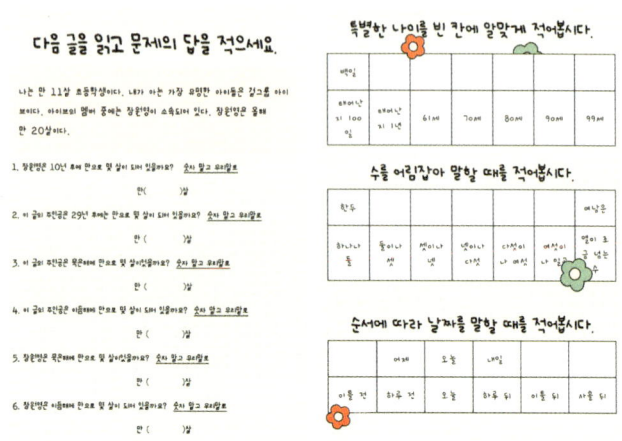

나이와 날짜 등 우리말 낱말을 공부하는 활동

활동지는 놀이에 앞서서 주요 내용을 확인할 수 있도록 제작하였으며, 독해력이 요구되는 문장형 문제를 포함하였습니다. 문제를 푸는 데 어려움을 겪는 아이들에게는 책을 참고하도록 했고, 선생님의 설명과 함께 정답을 확인하며 궁금한 점이 있다면 언제든 질의응답 시간을 가졌습니다.

2차시에서는 1차시에 배운 내용을 복습하였습니다. 전 시간에 읽었던 책을 다시 나눠 주면서 마지막으로 학습한 낱말을 정리했고, 모둠별로 놀이 카드를 나눠 주어 내용을 먼저 살펴보게 했습니다. 카드 내용 중 이해가 되지 않거나 헷갈리는 부분에 대해서는 바로 질문하도록 하여 모든 준비를 마쳤습니다. 이후 선생님이 놀이 규칙을 소개하면 모둠별로 놀이가 진행됩니다.

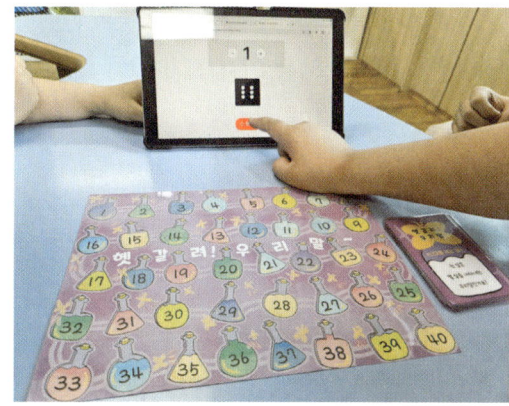

주사위 굴리기 사이트

　실물 주사위가 없는 학급에서는 태블릿pc로 주사위 사이트에 접속하여 대체하였습니다. 주사위 굴린 결과만 빠르게 나와서 실물 주사위보다는 긴장감이 적어 아쉽지만, 회원가입을 하거나 따로 앱을 설치할 필요가 없다는 장점이 있습니다.

　놀이 시간은 약 30분 정도 소요되며, 모둠 규모는 교실 상황에 따라 3~5인으로 구성하면 좋습니다. 선생님은 모둠마다 놀이가 잘 진행되고 있는지 수시로 확인합니다. 놀이가 끝난 후에는 1등에게 소정의 선물을 제공하고, 다른 아이들에게는 주사위 모아서 제출하기, 놀이 카드 모아서 제출하기 등의 소소한 미션을 주었습니다. 2개 차시에 걸쳐 놀이 하면서, 아이들은 낯선 용어에도 잘 대응하며 적극적으로 참여했습니다. 특히 활동지를 활용한 쓰기 활동, 놀이를 통한 말하기 활동으로 읽기·쓰기·말하기 총체적인 경험을 쌓아 지식을 내면화하는 장점이 있었습니다.

○ 유의 사항

- 퀴즈의 정답을 구두로 공개하면 잘못 들을 수도 있기 때문에 정답지를 제공하면 좋습니다(단, 문제를 푸는 사람은 정답지를 보면 안 됩니다).
- 뽑은 카드는 기존에 쌓여 있는 카드 더미와 분리해서 다른 곳에 둡니다.
- '꽝'이 나왔을 경우에는 다음 차례에 카드를 뽑습니다.
- 분홍색 칸에 도착하면 문제를 한 번 더 풀 수 있습니다. 이때도 정답을 맞히면 주사위를 굴려 나온 수만큼 이동할 수 있습니다.
- 1칸에 여러 말이 동시에 머물러도 무방합니다.
- 놀이 시간이 부족한 경우에는 놀이가 끝난 시점에서 도착 지점에 가장 가까이 있는 놀이말의 주인이 승리합니다.

참고자료

『이럴 땐 어떻게 말해요?』 (주니어김영사, 2018)
일상에서 겪을 수 있는 에피소드와 함께 낯선 낱말을 익힐 수 있는 그림책입니다.
이야기 중간에 친절한 설명을 덧붙임으로써 학습에 즐거움을 더합니다.

07 뛰뛰대장

▲ 도움 PPT ▲ 활동지 ▲ 원고지 카드

원고지 형태로 된 활동지와 책을 활용하여 올바른 띄어쓰기를 배우는 놀이입니다.

읽기 전·중·후 모든 과정에서 진행하기 좋으며, 요즘 아이들이 생소한 원고지 쓰기를 흥미롭게 학습할 수 있습니다.

○ 놀이 정보 한눈에 보기

대상	초등학교 3학년 이상
대형	모둠 활동(3~4명)
성취기준	[4국03-05] 자신의 쓰기 과정을 점검하며 쓰기에 자신감을 갖는다. [6국04-04] 문장 성분을 이해하고 호응 관계가 올바른 문장을 구성한다.
준비물	책, 수 세기 칩, 활동지, 원고지 카드, 보드마카, 필기구

○ 준비하기

먼저 놀이에 활용할 책을 고릅니다. 되도록 문장이 많으면 좋습니다. 선생님은 참여자 수에 맞게 원고지 카드를 출력한 뒤, 여러 번 사용하기 위해 코팅합니다. 또한 놀이 문제를 작성할 활동지를 각자 1장씩 준비합니다. 보드마카는 각자 1자루씩 필요하며, 수 세기 칩은 없어도 괜찮습니다.

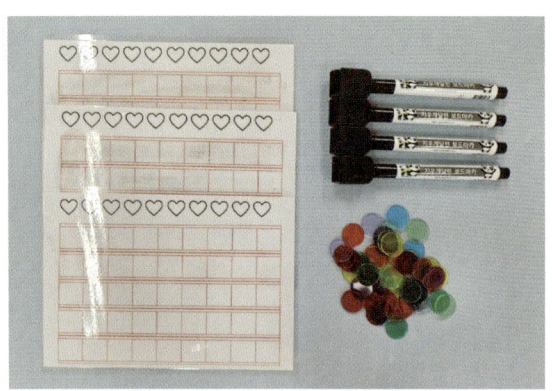

놀이 준비물과 원고지 카드

◦ 놀이 방법

❶ 3~4인으로 한 모둠을 구성하고 문장이 많은 책을 1권씩 고릅니다.

❷ 활동지에 다음과 같이 문제 5개를 냅니다. [문제] 부분에는 책에서 발췌한 문장 1개를 모두 띄어쓰기가 없는 상태로 작성합니다. [답] 부분에는 같은 문장을 띄어쓰기가 된 상태로 작성합니다. 이때 띄어쓰기 부분에 띄움표를 넣습니다. 다 작성했다면 중앙의 세로 점선을 따라 활동지를 반으로 접어 문제 부분만 보이도록 책상 위에 올려 둡니다.

❸ 모둠별로 가위바위보를 하여 뛰뛰대장 순서를 정합니다. 첫 뛰뛰대장을 정하는 방식, 놀이 진행 방향 등은 자유롭게 정하면 됩니다.

❹ 첫 번째 순서부터 차례대로 뛰뛰대장이 되어 문제를 냅니다. 문제는 1번부터 순서대로 냅니다. 예를 들어, 첫 번째 뛰뛰대장이 1번 문제를 내면, 그다음 뛰뛰대장도 자기가 출제한 1번 문제를 내는 식으로 한 바퀴를 돕니다. 같은 방식으로 두 번째 판은 2번 문제를 돌아가며 냅니다.

❺ 뛰뛰대장은 문제를 내고 1분의 제한 시간을 줍니다. 모둠원들이 답을 모두 작성했다면 정답을 공개합니다. 답을 맞힌 모둠원은 수 세기 칩을 1개씩 가져갑니다. 문제를 출제한 뛰뛰대장은 무조건 수 세기 칩을 1개 가져갑니다. 수 세기 칩이 없다면 승점 1점을 줍니다.

❻ 수 세기 칩을 가장 많이 모은 사람이 승리합니다. 수 세기 칩이 없는 경우에는 원고지 카드 위에 하트 이모지[♡]를 넣어, 답을 맞힌 개수만큼 색칠하도록 합니다.

○ 놀이하기

초등학교 5~6학년 아이들과 놀이해 보았습니다. 먼저 각자 책을 1권씩 골라서 뛰뛰대장 문제를 냈습니다. 총 5개 문제를 내었고, 문제를 다 낸 후에는 점선을 따라 문제지를 접어서 정답이 보이지 않도록 했습니다. 이때 공통의 책으로 문제를 낼 수도 있습니다.

 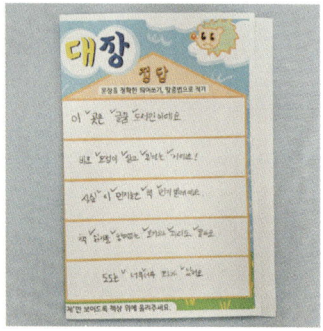

문제와 답을 쓰고 반으로 접은 활동지

가위바위보에서 이긴 사람이 뛰뛰대장이 되어 1번 문제를 냈습니다. 다른 아이들은 뛰뛰대장의 문제를 보고, 띄어쓰기를 올바르게 하여 원고지 카드에 답을 적습니다. 이때는 모든 아이가 문제를 맞혔기 때문에 수 세기 칩을 모두 1개씩 가져갔습니다. 문제를 출제한 뛰뛰대장도 수 세기 칩을 가져갑니다.

이어서 두 번째, 세 번째 뛰뛰대장이 문제를 냅니다. 순서가 모두 돌아 다시 첫 번째 사람에게 뛰뛰대장 역할이 돌아가면, 한 회차가 끝납니다. 여유가 있다면 다른 문제로 같은 놀이를 진행합니다.

수 세기 칩을 받는 대신 하트를 색칠한 모습

참고자료

『띄어쓰기 경주』 (토토북, 2018)
띄어쓰기가 어려운 아이들이 읽어 보면 좋은 책입니다. 만화 형식으로 되어 있어 띄어쓰기를 쉽고 재미있게 배울 수 있습니다.

08
무지개 이야기 막대

▲ 도움 PPT

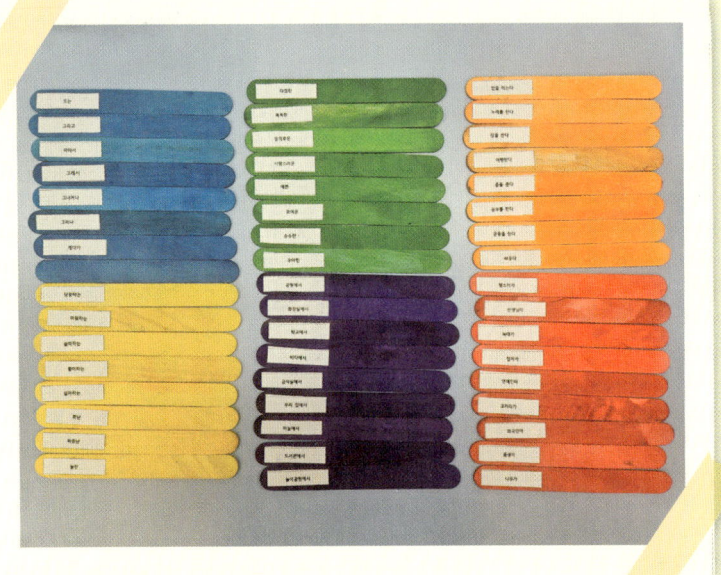

알록달록 색깔 막대에 적힌 명사, 형용사, 동사, 접속사, 장소, 감정 낱말을 가지고 그럴듯한 이야기를 지어내는 놀이입니다. 이 놀이를 통해 특정 상황에 낱말을 적절히 배치하고 유연하게 활용하는 능력을 기릅니다. 또한, 일상에서 자주 사용하지 않는 낱말을 자연스럽게 익힘으로써 어휘력을 확장하는 데 큰 도움이 됩니다.

○ 놀이 정보 한눈에 보기

대상	초등학교 4학년 이상
대형	모둠 활동(3~5명)
성취기준	[4국03-05] 자신의 쓰기 과정을 점검하며 쓰기에 자신감을 갖는다. [4국04-01] 단어와 단어 간의 의미 관계를 파악한다. [4국04-03] 기본적인 문장의 짜임을 이해하고 적절하게 사용한다. [6국04-06] 글과 담화에 쓰인 단어 및 문장, 띄어쓰기를 민감하게 살펴 바르게 고치는 태도를 지닌다.
준비물	제시어, 색깔 있는 하드스틱, 수 세기 칩, 대형 종이컵(막대를 보관할 만한 컵이면 가능)

○ 준비하기

다양한 색상의 하드스틱을 준비합니다. 하드스틱은 인터넷 쇼핑몰에서 쉽게 구할 수 있습니다. 크기가 작으면 제시어를 붙이기에 좁을 수 있으므로 '대(大)' 사이즈 하드스틱으로 구입하는 것이 좋습니다.

무지개 이야기 막대

제시어					
그래서	코끼리가	귀여운	하늘에서	공부를 한다	웃는
그러나	햄스터가	예쁜	학교에서	춤을 춘다	미워하는
예를 들면	나무가	사랑스러운	화장실에서	노래를 부른다	슬퍼하는
게다가	외국인이	기뻐하는	공원에서	운동을 한다	좋아하는
또는	동생이	정의로운	도서관에서	잠을 잔다	놀란
하지만	선생님이	다정한	놀이공원에서	밥을 먹는다	화난
따라서	엄마가	똑똑한	급식실에서	여행한다	우는
또한	늑대가	준수한	바다에서	도와주다	싫어하는
그리고	자동차가	새로운	시험장에서	세수하다	당황하는
오히려	핸드폰이	순수한	숲속에서	싸우다	짜증난
그나저나	연예인이	우아한	우리 집에서	촬영하다	우울한

놀이에 활용할 만한 제시어 예시

무지개 이야기 막대에 부착할 제시어들을 정합니다. 위에 정리한 제시어 자료를 활용해도 좋고, 다른 제시어를 자유롭게 추가해서 활용해도 됩니다. 다만 제시어의 종류를 막대의 색깔별로 구분하여 부착해야 합니다. 예를 들면, '노란색 막대'는 '명사', '주황색 막대'는 '장소'로 구분합니다. 무지개 이야기 막대의 제시어 중의 일부는 빈칸 처리하여 자유롭게 제시어를 정해도 좋습니다.

무지개 이야기 막대에 제시어를 모두 부착하면 놀이 준비가 끝납니다. 모둠 놀이로 준비할 경우 무지개 이야기 막대 1세트가 모둠 수만큼 필요합니다. 개별 놀이로 진행할 경우에는 1세트만 있어도 됩니다. 완성된 이야기 막대를 큰 크기의 종이컵에 보관하면 아이들이 막대를 뽑을 때 편리합니다.

놀이에 활용하는 수 세기 칩은 인터넷 쇼핑몰에서 쉽게 구할 수 있습니다. 수 세기 칩도 모둠별로 약 30개씩 필요합니다.

○ 놀이 방법

- 기본 놀이 방법

❶ 가위바위보로 순서를 정하고, 수 세기 칩을 5개씩 나눠 갖습니다.

❷ 순서대로 무지개 이야기 막대를 색깔별로 1개씩 뽑습니다.

❸ 이야기 막대에 나온 제시어를 활용하여 한 편의 이야기를 만들고 친구들에게 들려줍니다. 이야기는 막대를 뽑은 순서대로 돌아가면서 들려줍니다.

❹ 모둠원 모두가 이야기했다면 가장 참신하고 재미있는 이야기를 만든 사람에게 투표합니다. 가장 많은 표를 받은 사람이 수 세기 칩 1개를 가져갑니다. '참신하고 재미있는'이라는 기준이 추상적일 수 있으나, 내용보다는 아이들의 언어 활용 능력과 어휘력이 얼마나 확장되었는지를 보는 것입니다.

❺ 더 이상 뽑을 무지개 이야기 막대가 없으면 놀이가 끝납니다. 수 세기 칩을 가장 많이 모은 사람이 승리합니다.

- 단체 놀이 방법

❶ 단체로 놀이를 하려면 4~6개의 모둠을 구성합니다. 각 모둠에 수 세기 칩을 5개씩 줍니다.

❷ 모둠끼리 순서와 모둠 내에서 모둠원끼리 순서를 정합니다.

❸ 모둠 순서대로 나와서 이야기 막대를 1개씩 뽑습니다.

❹ 모둠 내에서 정한 순서대로 한 사람씩 일어나 이야기 막대에 적힌 제시어를 활용해 이야기를 들려줍니다.

❺ 가장 재미난 이야기를 만든 사람이 속한 모둠에 수 세기 칩 1개를 줍니다.

○ 놀이하기

초등학교 5~6학년 아이들과 놀이해 보았습니다. 4인 1조 모둠 놀이로 진행하였기 때문에 큰 종이컵에 무지개 이야기 막대 6종을 2종씩 묶어 총 3개로 나누어 담았습니다. 깊고 빳빳한 종이컵을 사용하니 막대에 적힌 제시어가 뽑기도 전에 미리 보이지 않아서 좋았습니다.

가위바위보로 막대 뽑을 순서를 정했습니다. 첫 번째, 두 번째 라운드는 3개의 종이컵에 나누어 담긴 막대를 2개씩, 총 6개를 뽑았으나, 세 번

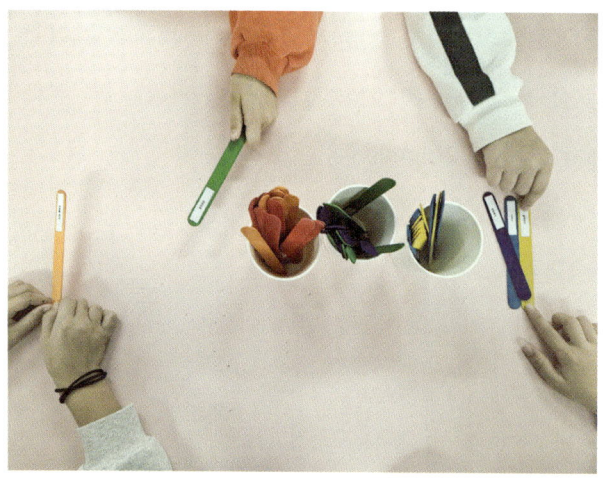

종이컵에서 막대를 나누어 뽑고 있다.

째 라운드부터는 전체 막대 중에 1~2개씩만 뽑았습니다.

실제로 놀이를 해 보니 참신하고 재밌는 이야기가 많이 나왔습니다. 후속 활동으로 그날 만들었거나 들었던 이야기 중 제일 기억에 남는 이야기를 적어 봐도 좋습니다.

○ 유의 사항

- 처음에 나눠 갖는 수 세기 칩 5개는 기본 점수 5점을 뜻합니다.
- 이야기를 만들기가 어렵다면 기권할 수 있습니다. 기권은 1번만 가능합니다.
- 이야기 만드는 데 시간이 지나치게 오래 걸리면 탈락합니다. 탈락할 경우 수 세기 칩을 1개 빼앗깁니다.
- 이야기 막대에 책 제목, 교과 내용 등 다양한 주제를 접목할 수 있습니다.
- 모둠 활동 시, 모둠별로 막대를 1개씩 뽑는 것이 좋으므로 6개 모둠이 만들어지면 좋습니다. 만약 4~5개 모둠이 만들어졌다면 모둠별로 막대를 2개씩 뽑습니다.
- 모둠이 6개일 경우, 모둠 이름을 막대의 색깔로 정하고, 해당 색깔의 막대만 뽑는 규칙을 추가해도 좋습니다. 예를 들면, 빨강 모둠은 빨간 막대를, 노랑 모둠은 노란 막대를 뽑는 규칙입니다.

참고자료

『나는 이야기입니다』 (소원나무, 2017)
이야기가 지닌 강력한 메시지와 그 영향력에 대해 깊이 고찰할 수 있는 그림책입니다. 특히 그림책은 비교적 쉽게 접할 수 있는 만큼 아이들이 이야기를 만들 때 이야기의 속성에 대해 재미있게 이해하고, 이야기 창작의 즐거움을 경험하도록 이끕니다.

09
AI 숨바꼭질

▲ 도움 PPT

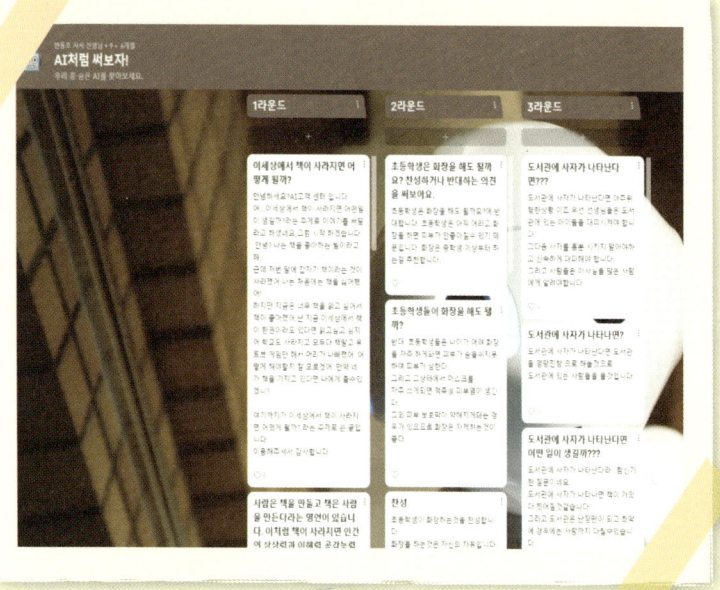

AI 챗봇을 활용하여 짧은 글을 쓰는 놀이입니다. 숨바꼭질 놀이처럼 여러 글 중에서 AI가 쓴 글을 찾아내야 합니다. 평소 글쓰기를 어려워하는 아이들을 대상으로 하기 좋습니다. 짧은 글을 여러 차례 쓰면서 어휘력은 물론, 문장력도 자연스럽게 향상됩니다. AI 챗봇을 통해 다량의 참조 글을 짧은 시간 안에 준비할 수 있으므로 놀이 준비가 비교적 수월하다는 장점이 있습니다.

○ 놀이 정보 한눈에 보기

대상	초등학교 4학년 이상
대형	개별 활동
성취기준	[4국02-05] 글이나 자료의 출처가 믿을 만한지 판단한다. [4국06-03] 매체 소통 윤리를 고려하여 매체 자료를 활용하고 공유한다. [6국03-04] 독자와 매체를 고려하여 내용을 생성하고 표현하며 글을 쓴다.
준비물	패들렛, AI 챗봇 1종, 태블릿PC(학생 수만큼), 글쓰기 주제 카드(인터넷 랜덤 뽑기 도구로 대체 가능)

○ 준비하기

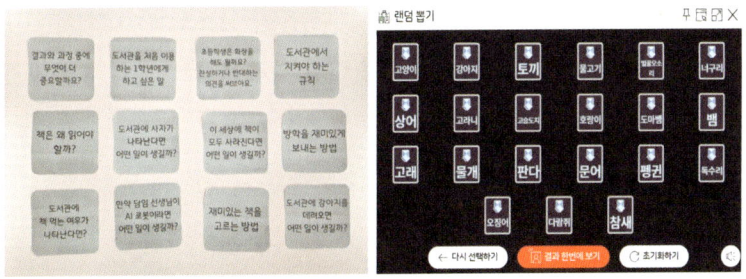

메모 기능, 랜덤 뽑기 등 주제를 선정하는 다양한 방법

먼저 글쓰기 주제를 준비합니다. 글쓰기 주제는 '교과 수업 관련 주제', '다양한 의견을 이끌어 내는 주제', '창의적인 생각을 이끌어 내는 주제' 등 수업 목적에 맞게 정합니다. 만약 도서관에서 이 놀이를 한다면 글쓰기 주제를 다음과 같이 준비할 수 있습니다.

- 재미있는 책을 고르는 방법
- 도서관에 사자가 나타난다면?
- 도서관에 강아지를 데려온다면?
- 도서관을 처음 이용하는 1학년에게 하고 싶은 말
- 책은 왜 읽어야 할까?
- 결과와 과정 중에 무엇이 더 중요할까?
- 도서관에서 지켜야 하는 규칙
- 도서관에 '책 먹는 여우'가 나타난다면?
- 세상에 있는 모든 책이 사라진다면?
- 방학을 끝내주게 보내는 방법
- 만약 담임 선생님이 AI 로봇이라면?
- 학생이 화장해도 괜찮을까?

참여자의 수준을 고려하여 글쓰기 주제를 정하는 것도 중요합니다. 이 놀이에서는 3~5줄의 짧은 글을 작성하기 때문에 어려운 주제보다는, 글감을 바로 떠올릴 수 있는 쉬운 주제를 선정합니다. 적절한 주제가 잘 떠오르지 않을 때는 아이들과 함께 주제를 정해도 좋습니다. 주제를 정했다면 놀이를 진행할 패들렛 보드를 만듭니다. 보드는 '담벼락 게시판'이 좋습니다.

○ 놀이 방법

수업 전에 미리 정해 둔 글쓰기 주제 중 하나를 무작위로 뽑습니다. 참여자는 제한 시간 동안 글쓰기 주제에 맞는 짧은 글을 쓰고, 패들렛에 익명 게시글로 올립니다. 이때 선생님은 3~5줄 정도로 글 분량에 제한을 두어야 합니다. 아이들이 글쓰기를 어려워한다면 AI가 어떤 식으로 답변하는지 참고용으로 보여 줘도 좋습니다. 아이들이 글을 작성하는 사이, 선생님은 AI 챗봇에 같은 질문을 입력해 답변을 받습니다. 챗봇으로부터 받은 답변은 패들렛에 익명 게시글로 올립니다.

예시에는 'AI 뤼튼'을 활용하였습니다. 챗봇에 질문할 때는 최대한 구체적으로 적는 것이 중요합니다. 참여자의 수준, 글의 분량 등을 조건으로 달아 질문하면 챗봇이 조건에 맞춰 글을 생성합니다. 제한 시간이 끝나면 아이들은 패들렛에 올라온 글들을 살펴보며 '가장 AI 같은 답변'에 '좋아요'를 누릅니다. 만약 아이들이 AI의 답변을 찾은 경우엔 전체 2점 획득, 못 찾은 경우엔 자신의 글이 '좋아요'를 받은 만큼 점수를 얻습니다. 가장 AI 같은 글을 찾는 게 놀이의 목표인데, 자기 글에 '좋아요'가 눌렸다는 것은 그만큼 AI처럼 글 쓰기에 성공했다는 뜻이기 때문입니다. 총 3라운드를 진행하고 점수를 합산하여 가장 높은 점수를 얻으면 승리합니다.

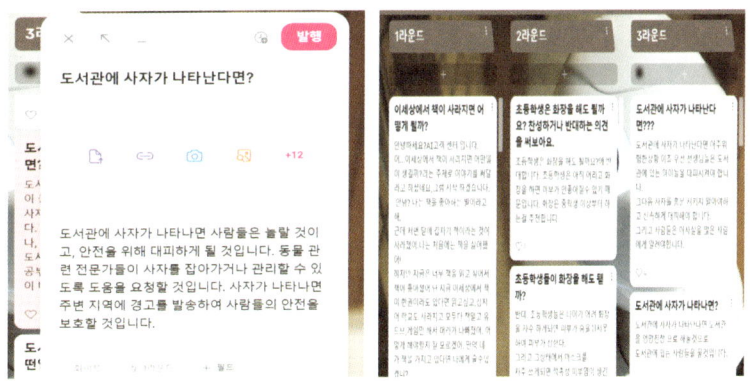

AI가 쓴 글이 숨어 있는 패들렛 게시판

○ 놀이하기

초등학교 5~6학년 아이들과 놀이해 보았습니다. 총 3라운드를 진행했고, 글 작성 시간은 10분, 5개 문장을 작성했습니다. 글쓰기 주제는 제비

뽑기로 정했습니다. 1라운드 주제는 '세상에서 책이 사라진다면?'이었습니다. 아이들은 다음과 같이 답변했습니다.

> "이 세상에 모든 책이 사라진다면 사람들은 새로운 취미 활동을 찾을 것으로 예상됩니다. 줌 활동, 요리 활동, 영화 감상 등 사람들은 실제 행동으로 하는 취미 활동을 많이 추구할 것으로 예상됩니다. 그러고 나서 새로운 책을 만들어 낼 것입니다."
>
> "이 세상에 모든 책이 사라진다면 모든 인간은 정말 혼란스러울 것입니다. 학생들에게는 교과서가 사라지는 것이지 좋을 것이지만, 작가들에게는 큰 재앙일 것입니다."
>
> "이 세상에 모든 책이 사라진다면 우리가 배우는 것이 어려워질 것입니다. 우리 과거에 무슨 일이 있었는지, 어떤 이야기가 오고 갔는지 알기 어려워질 수 있습니다. 책에서 얻는 재미있는 상상이나 아이디어가 줄어들어서 창작 활동이 힘들어질 수 있습니다. 책을 읽으면서 힐링하는 시간이 없어져서 스트레스받는 일이 많아질 수 있습니다. 모든 정보를 컴퓨터나 스마트폰에서 얻게 되어 전기나 인터넷이 없으면 정보를 얻기 어려워질 것입니다."

더 많은 글이 있었지만 가장 표를 많이 받은 글 3개를 가져왔습니다. 이 중에서 AI가 작성한 글은 무엇일까요? 정답은 가장 마지막 글입니다. 뤼튼에 "세상에서 책이 모두 사라진다면 어떤 일이 생길지, 초등학교 고학년의 수준으로, 5줄 써 줘."라고 주문했더니 이런 답변을 하였습니다. 이런 식으로 3번의 라운드를 진행했습니다. 라운드가 거듭될수록 아이들의 글이 점점 깔끔해지는 것을 느꼈습니다. 무엇보다 AI는 맞춤법을 틀리지 않기 때문에, 아이들도 덩달아 맞춤법에 신경 쓰며 글을 쓰게 되었습니다.

○ 유의 사항

- 글쓰기 주제를 선정할 때 i-Scream 사이트의 [툴킷] - [랜덤 뽑기] 기능, [랜덤 돌림판] 기능을 활용해도 좋습니다.
- 아이들 수준에 따라 써야 하는 글 분량을 정합니다. 글 분량이 많으면 놀이가 늘어질 수 있으니 주의합니다. 제한 시간은 10분 이내가 좋습니다.
- 챗봇에 질문할 때는 아래와 같이 구체적으로 해야 합니다.
  예) "도서관에 사자가 나타난다면 어떤 일이 생길지에 대한 답변을 초등학교 5학년처럼 3줄로 작성해 줘."
- 때로는 AI의 답변이 틀린 정보를 담을 때도 있습니다. 객관적인 사실을 다루는 주제를 선정하여 글을 쓰도록 한 후에 AI 답변을 확인하여 올바른 정보를 제공했는지 확인합니다. 이 과정은 인터넷에서 올바른 정보를 골라내는 디지털 문해력도 함께 함양할 수 있습니다.
- 도서관 이용 교육에 활용한다면 아래와 같은 질문들을 활용할 수 있습니다.
  · 도서관을 처음 이용하는 신입생에게 해 줄 수 있는 말?
  · 우리 학교 도서관을 소개해 보세요.
  · 도서관에서 책을 찾는 방법은?
  · 만약에 도서관에 읽고 싶은 책이 없다면?

10 낱말 미로 탈출

 ▲ 도움 PPT  ▲ 활동지

어휘력을 키우는 동시에 협동심을 기르고 창의적인 사고를 발휘할 수 있는 보드게임형 놀이입니다. 반의어 찾기, 동의어 찾기, 질문 만들기 등 여러 활동을 진행하며 종합적인 낱말 활용을 목표로 합니다. 보드게임판을 활용해 어려운 어휘를 복습하는 데 재미를 느낄 수 있도록 돕습니다. 문제를 만들며 스스로 복습할 수 있고, 수준에 따라 난이도 조정을 할 수 있습니다.

○ 놀이 정보 한눈에 보기

대상	초등학교 3학년 이상
대형	모둠 활동(4명)
성취기준	[4국04-04] 글과 담화에 쓰인 높임 표현과 지시·접속 표현을 이해하고 상황에 맞게 표현한다. [6국04-03] 고유어와 관용 표현의 쓰임과 가치를 이해하고 상황에 맞게 표현한다.
준비물	보드판, 주사위, 문제지(또는 붙임쪽지)

○ 준비하기

어떤 낱말로 놀이를 진행할지 정합니다. 공통으로 읽을 책, 각자 읽고 싶은 책, 교과서 등 활용할 수 있는 텍스트는 무궁무진합니다. 한 권의 책 안에서 범위를 한정할 수 있습니다. 정해진 텍스트에서 문제로 낼 낱말 20개 정도를 뽑습니다. 문제지는 A4용지를 잘라 만들거나 붙임쪽지를 활용합니다. 별도의 디자인 없이 낱말만 하나씩 적혀 있으면 됩니다.

보드판과 주사위는 모둠 수만큼 준비합니다. 보드판은 다양하게 사용할 수 있으므로, 코팅하면 필요할 때마다 여러 번 쓸 수 있습니다.

○ 놀이 방법

❶ 함께 책을 읽고, 모둠별로 문제지에 문제를 냅니다.

❷ 문제가 보이지 않도록 문제지를 뒤집어서 더미 형태로 쌓습니다.

❸ 가위바위보로 모둠원끼리 놀이 순서를 정하고, 주사위를 굴려 보드판 위의 말을

이동시킵니다.

❹ 말이 도착한 칸의 미션을 읽고 문제지를 1장 뽑아 미션을 해결합니다.

❺ 미션을 해결하지 못하면 이전 칸으로 돌아가고, 미션을 해결하면 해당 칸에 말을 놓습니다.

❻ 상대의 말을 잡은 경우, 1회 더 할 수 있으며 잡힌 말은 시작점으로 이동합니다.

❼ 먼저 미로를 탈출하는 사람이 승리합니다.

놀이하기

초등학교 3학년 아이들을 대상으로 『꽃을 선물할게』(창비, 2018)라는 책을 읽고 놀이해 보았습니다. 윷놀이와 유사하다고 안내하면 초등학교 1학년 아이들도 어려움 없이 진행할 수 있습니다.

 선생님은 아이들에게 모둠별로 활용할 책, 국어사전, 그리고 문제지를 나누어 줍니다. 이때 문제지로는 적절히 자른 A4 용지, 붙임쪽지 등을 활용할 수 있습니다. 문제지 1장당 낱말 1개씩을 적습니다. 모둠별로 작성할 수 있는 문제 수는 한정하지 않되, 최소 20개를 만듭니다. 선생님은 아이들이 텍스트를 꼼꼼하게 읽고, 모르는 낱말이 있다면 충분히 공부할 시간을 줍니다.

 모든 아이가 동일한 텍스트를 읽는다면, 일정 시간 후 모둠별로 완성한 문제지를 다른 모둠에 전달하도록 합니다. 다시 말해 1조의 문제지는 2조에, 2조의 문제지는 3조에 전달하는 것입니다. 아이들은 다음과 같은 낱말을 문제지에 적었습니다.

곰	자연
무당벌레	꽃
숲	거미
애원하다	거미줄
부탁하다	굵다
포식자	아침
불쌍하다	여자친구
똑똑하다	

문제지에 작성한 낱말 예시

    모둠별로 작성한 문제지를 다른 모둠에 전달하여, 서로 다른 조가 작성한 문제를 받습니다. 놀이판 안에 간략한 놀이 설명이 써 있으나, 아이들에게 예시를 들어 설명해 주었습니다.

    어떤 낱말의 경우에는 미션을 부여할 만큼 명확한 답이 없는 경우가 있습니다. 예를 들어, 문제가 '숲'이라면 반의어는 무엇일까요? 이 경우에는 아이들이 창의적인 반의어를 만들어 봐도 좋습니다. 어떤 친구는 '숲'의 반대말로 '도시', '메마른 곳'을 만들었습니다. 또한 '숲'을 음성으로 표현해 보자는 미션에 '사르르르', '짹짹 프르르르'라고 표현한 친구도 있었습니다. 미션을 완료하지 못하더라도, 아이들이 충분히 고민하면서 자신만의 창의적인 답변을 만들어 보는 것 자체가 좋은 활동이 됩니다.

낱말 '배고프다'	뜻 맞히기	밥을 먹지 않아 배가 비어 꼬르륵 소리가 날 정도인 상태.	
	동의어 찾기	굶어 죽기 직전이다.	
	문장 만들기	지금 나는 배고파서 신경이 예민하다.	
	질문 만들기	너희는 몇 시에 제일 배고프니?	
	반의어 찾기	배부르다.	
	그림 술래잡기		다른 친구들에게 문제를 보여 주면 안 됩니다. 다른 친구들이 내 그림만 보고 낱말을 맞혀야 미션 완료입니다.
	음성으로 표현하기	꼬르륵	
	연결고리 만들기	급식 - 영양사 선생님 - 위생 - 소독 - 청소	이때, 10초 안에 낱말과 연관된 낱말 5개를 이어 말해야 합니다.
	사용 장면 설명하기	급식 시간 전에 배를 움켜쥐며 쓸 수 있는 말입니다.	
	낱말로 술래잡기	우리가 음식을 오랫동안 먹지 못하면 뭐라고 말하지?	다른 친구들에게 문제를 보여 주면 안 됩니다. 다른 친구들이 내 설명만 듣고 낱말을 맞혀야 미션 완료입니다.

문제 '배고프다'에 대한 아이들의 답변

○ 유의 사항

- 만약 동화책이나 그림책으로 놀이 하는 경우, 책을 읽고 난 후 느껴진 감정 낱말을 적어도 좋습니다.
- 문제지를 붙임쪽지 등으로 만들어 더미로 쌓기 어려운 경우에는 문제가 보이지 않도록 2회 접는 방법도 있습니다.
- 놀이말을 준비하지 못한 경우, 수 세기 칩이나 공기놀이용 공기, 지우개 등을 사

용합니다. 간혹 자기 마음에 드는 놀이말을 가지고 싶어서 싸우는 경우도 있기 때문에, 되도록 공통된 디자인의 말에 각자 이름을 적어 구분하면 좋습니다.
- 1개의 낱말을 가지고 모든 미션을 완료하는 것이 아닙니다. 말판을 이동할 때마다 새로운 문제를 뽑습니다.

참고자료

『꽃을 선물할게』 (창비, 2018)
거미줄에 걸린 무당벌레와 그 무당벌레를 구할지 말지 고민하는 곰의 대화를 다룬 책입니다. 거미, 무당벌레, 곰의 서로 다른 입장이 나오고, 다양한 계절, 아침, 점심, 저녁의 다양한 시간 배경이 나옵니다. 아이들에게 다소 생소할 수 있는 낱말이 많이 나와서 활용하기에 적합합니다.

부록

도서관 놀이

도서관과 가까이 지내는 것만큼 낱말과 가까워지는 지름길이 없습니다. 책에는 일상에서 자주 쓰이는 낱말이 등장하고, 같은 낱말을 여러 번 반복해서 보다 보면 새로운 낱말에 빠르게 익숙해지는 것은 물론, 기억에도 오래 남습니다. 또한, 도서관의 다양한 책을 읽으면서 자연스럽게 새로운 낱말과 표현을 배우고, 문맥 속에서 낱말의 의미를 파악하는 문해력이 키워집니다.

01 책 찾기 대작전

 ▲ 도움 PPT    ▲ 활동지

짧은 시간 안에 다양한 책을 탐색할 수 있는 놀이입니다. 이 놀이에서는 주어진 주제에 가장 적절한 책을 선택하는 것이 핵심입니다. 아이들은 자신이 선택한 책이 해당 주제에 적합한 이유를 논리적인 글로 설명하고 발표합니다. 이 과정은 글쓰기에 어려움을 느끼는 아이들에게 설득하는 글을 작성하는 경험이 되고, 책에 거부감을 느끼는 아이들에게는 여러 책을 접할 기회가 될 수 있습니다.

○ 놀이 정보 한눈에 보기

대상	초등학교 3학년 이상
대형	개별 활동
성취기준	[4국05-03] 작품을 듣거나 읽고 마음에 드는 작품을 소개한다. [6국03-01] 알맞은 내용을 선정하여 대상의 특성이 나타나게 설명하는 글을 쓴다.
준비물	책(각자 1권), 활동지

○ 준비하기

선생님은 놀이에 필요한 주제를 준비합니다. 주제는 수업 내용과 관련 있거나, 아이들이 일상에서 쉽게 공감할 수 있는 주제로 선정합니다. 아이들이 책을 고를 때는 내용을 몰라도 괜찮도록 책 제목이나 삽화를 활용한 미션을 제시해도 좋습니다. 아이들이 많은 책을 접하도록 하는 것이 놀이의 목표이기 때문에 도서관 활용을 추천합니다. 다만, 도서관 방문 전에 서가에서 뽑아 읽은 책은 나중에 어떻게 정리해야 하는지, 도서관에서 지켜야 할 예절은 무엇이 있는지 먼저 학습하는 것이 좋습니다. 추천하는 주제는 다음과 같습니다.

- 'ㄱ'으로 시작하는 책 제목 중 제일 흥미로운 제목은?
- 동시 중 가장 공감되는 시는?
- 개학 전날의 기분을 나타내는 책 제목은?
- 내가 생각하는 가장 현명한 등장인물은?
- 가을과 가장 잘 어울리는 책 제목은?
- 내가 겪었던 일과 비슷한 책 제목은?

놀이는 보통 1시간 내에 끝나기 때문에 주제가 너무 어렵거나 고민할 시간이 필요한 내용은 제외하는 것이 좋습니다. 만약 여유 시간이 생긴다면, 보너스 놀이로 아이들이 원하는 주제를 제시하는 것도 좋습니다.

○ 놀이 방법

- 기본 놀이 방법

❶ 놀이 전에 주제를 미리 정해 둡니다.

❷ 아이들은 제시된 주제에 가장 잘 어울리는 책을 찾습니다. 책을 찾는 시간은 10분으로 제한하되, 상황에 따라 유연하게 조절할 수 있습니다.

❸ 제한 시간이 끝나면 아이들은 모두 자리에 앉아서 가져온 책이 주제와 어떻게 부합하는지 설득하는 글을 작성합니다.

❹ 4~5명이 한 모둠을 이루도록 한 후, 각자 작성한 글을 모둠 안에서 돌려 읽습니다. 읽고 나면 서로 감상을 나누는 시간도 갖습니다.

❺ 발표가 끝나면 가장 주제와 잘 어울리는 책을 다수결로 뽑습니다.

❻ 2개의 이상의 모둠이 생겼을 경우, 각 모둠 내에서 설득력 있는 글을 선정해 수정·보완하여 다른 모둠과 토너먼트 대결을 펼칩니다. 개별 글을 모두 돌려 보기엔 시간이 부족할뿐더러, 모둠별로 대표작을 뽑는다고 하면 아이들의 집중도가 올라가 경청하는 태도도 길러지기 때문입니다.

❼ 최종적으로 가장 많은 표를 받은 책이 승리합니다. 선정된 책은 그 책을 고른 아이의 추천 글과 함께 전시하여 아이들의 관심이 이어지도록 유도합니다.

- 변형 놀이 방법: 도서관 이용 대작전
  - 도서관 이용 교육에 활용한다면 '도서관 이용 규칙'이나 '도서관 용어'가 포함된 책 제목을 찾아오는 등 기타 다음과 같은 질문들을 활용할 수 있습니다.

> · 도서관에서 지켜야 하는 규칙이 적힌 책 제목은?
> · 수업 시간에 배운 도서관 용어가 들어간 책 제목은?
> · 도서관에서 바라는 행사와 관련된 책 제목은?

○ 놀이하기

도서관 행사의 일환으로 '가을'과 어울리는 책을 찾고 그 이유를 설득력 있게 작성하도록 안내했습니다. 처음에는 아이들 모두 어리둥절하여 어떤 책을 골라야 할지 막막해했지만, 도서검색대를 활용하거나 직접 서가를 둘러보며 책과 가까워지는 시간을 보냈습니다. 어떤 아이는 설득력을 높이기 위해 책을 직접 읽고 본인이 요약한 줄거리를 연결하는 등 자발적인 독서를 보여 주기도 했습니다. 글을 쓰며 성취감도 느끼지만 다른 친구들이 쓴 글을 읽으면서 다양한 글쓰기 스타일을 배울 수 있습니다. 다음은 학생이 작성한 글입니다.

- **책 찾기 주제:** 여름
- **책을 선택한 이유:** 이 책은 내가 가장 좋아하는 고양이가 시원한 바다에서 낚시하는 게 힐링됐기 때문이다.

○ 유의 사항

- 준비한 주제가 여러 개 있다면 i-Scream의 [툴킷] - [랜덤뽑기] 기능이나 [랜덤 돌림판] 기능 등을 활용해서 실시간으로 주제를 선정해도 좋습니다.
- 준비한 주제와 관련하여 그만큼 다양한 책을 학교가 보유하고 있는지 확인하면 좀 더 수월하게 놀이를 진행할 수 있습니다.
- 아이들이 실시간으로 잔여 시간을 확인할 수 있도록 화면에 타이머를 띄워 두는 것이 좋습니다. 타이머는 네이버나 i-Scream 등 다양한 사이트가 있으니 편의에

따라 적절한 플랫폼을 사용하시길 추천합니다.
- 제한 시간 내에 책을 선정하지 못하면 1점 감점되며 5분의 추가 시간이 주어집니다.
- 아이들이 설득하는 글을 쓰는 데 서툴다면, 놀이 전에 '설득하는 글의 일반적인 구조'를 먼저 소개합니다.
- 글 분량이 지나치게 많은 경우, 놀이 시간이 지연되거나 발표를 듣는 아이들의 집중력이 흐트러질 수 있으니 최대 10줄을 넘지 않도록 안내합니다.

02 책 제목 꼬리잡기

 ▲ 도움 PPT
 ▲ 활동지

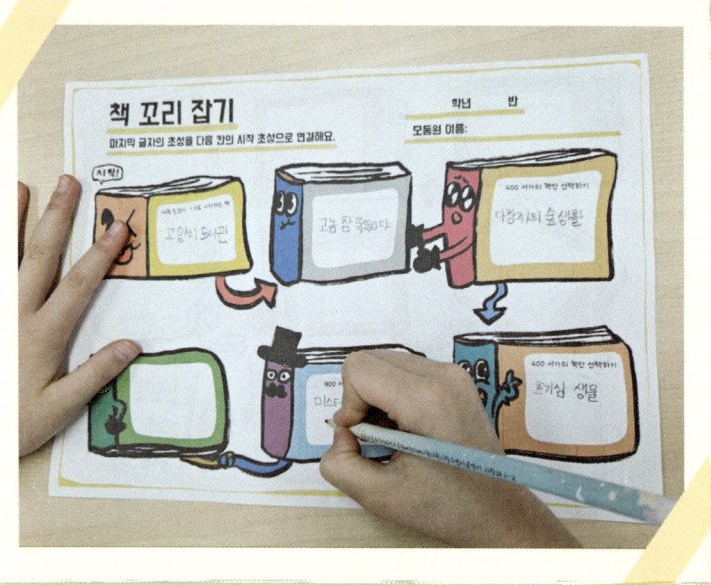

꼬리잡기와 끝말잇기를 접목한 놀이입니다. 어휘력과 문해력 신장이 독서로 이어지려면 먼저 책과 친해져야 합니다. 책 표지와 제목을 찾아보는 것만으로도 책과 친해질 수 있습니다. 이 놀이는 도서관이 익숙하지 않은 아이들과 하기 좋습니다. 도서관 구석구석을 탐방하며 공간의 느낌과 책의 위치에 대해 자연스럽게 알 수 있으며 평소 지나치기 쉬운 책 표지와 책 제목을 꼼꼼하게 살펴보고 필요한 책을 고를 수 있습니다.

○ 놀이 정보 한눈에 보기

대상	초등학교 1학년 이상
대형	개별 또는 모둠 활동
성취기준	[2국05-01] 말놀이, 낭송 등을 통해 말의 재미와 즐거움을 느낀다.
준비물	활동지

○ 준비하기

시작하기 전에 개별로 놀이할지 모둠으로 놀이할지 정해야 합니다. 나이가 어릴수록 모둠별 놀이를 추천합니다. 또한 도서관 책이 흐트러지면 아이들이 뒷정리하기 어려울 수 있으므로 놀이에 활용할 책을 꺼내지 않고, 책 제목만 외워 오는 규칙을 정할 수도 있습니다.

○ 놀이 방법

- 기본 놀이 방법

❶ 활동지를 개인 또는 모둠별로 나눠 줍니다.

❷ 아이들은 도서관 서가를 돌아다니며 책 제목으로 활동지를 채웁니다. 활동지는 앞선 책 제목의 마지막 글자 초성이 다음 책 제목의 첫 글자 초성이 되도록 연결합니다(예: 수박 수영장 → 마지막 글자가 '장'이므로 초성 'ㅈ'으로 시작하는 책 제목을 뒤에 연결).

❸ 가장 빨리 꼬리잡기를 완성하면 승리합니다.

- **변형 놀이 방법:** 책 속 낱말 잇기

① 초등 고학년 아이들을 대상으로 15분 이내의 자투리 시간에 진행합니다.

② 글밥이 있는 두꺼운 동화나 소설책을 1권씩 고릅니다. 공통으로 읽은 책 1권을 소재로 정해도 됩니다.

③ 책 속에 등장한 낱말만 이용하여 끝말잇기를 합니다.

④ 모둠별 점수제로, 낱말을 이를 때마다 1점씩 얻어갈 수 있도록 운영합니다.

⑤ 끝말을 더 이을 수 없을 때는 직전 순서였던 모둠이 2점을 얻고, 다른 책 속 낱말을 이용하여 다시 놀이 합니다.

⑥ 주어진 시간이 모두 끝나면 제일 큰 점수를 얻은 모둠이 승리합니다.

○ 놀이하기

초등학교 1~4학년 아이들과 놀이해 보았습니다. 학교 도서관 활용이 익숙한 2~4학년들과 1학년이 한데 섞인 모둠을 구성했습니다. 이 놀이는 도서관 활동 초기에도 활용하기 좋지만, 도서관이 익숙해진 후에도 책을 더 잘 찾도록 도와주기 때문에 도움이 됩니다. 이 놀이를 하다 보면 평소 서가에서 그냥 지나쳤던 책들도 제목을 꼼꼼히 살펴보게 됩니다.

모둠 구성 이후에는 모둠 내에서 순서를 정했습니다. 모둠은 4인 1조로 구성하였기 때문에 1번 주자부터 4번 주자까지 정해졌습니다. 신호에 맞추어 1번 주자부터 책 제목 끝말잇기를 시작했습니다. 1번 주자가 서가에서 책을 찾아 제목을 외운 후 활동지에 적으면, 2번 주자가 출발했습니다. 간혹 책 찾는 시간이 지나치게 길어질 때가 있습니다. 이럴

활동 결과물. 『바보 온달』 뒤에 '달'의 초성인 'ㄷ'으로 시작하는 『도도의 도서관 여행』이 오는 식으로 이어져 있다.

때는 다른 모둠원 1~2명이 함께 도와 책을 찾으면서 꼬리잡기를 완성합니다.

○ 유의 사항

- 개별로 놀이 한다면 각자 1장, 모둠으로 놀이 한다면 모둠별 1장의 활동지를 받습니다.
- 활동이 지나치게 늘어질 경우를 대비하여 제한 시간을 10분~15분 정도 두어도 됩니다. 제한 시간이 초과한 경우, 꼬리잡기 활동지 내용을 가장 많이 채운 모둠이 승리합니다.
- 활동지에 책 제목을 잘못 적으면 감점하는 등 추가 규칙을 정해도 됩니다.

03
내 맘대로 전기수

 ▲ 도움 PPT    ▲ 활동지

도서관 서가를 자유롭게 탐험하며 살펴본 책 제목으로 나만의 이야기를 상상하는 놀이입니다. 책 표지만으로 책을 고르거나 읽었던 책만 반복해서 고르는 아이들에게 책 제목만으로 책을 고르는 새로운 경험을 선사합니다. 책 제목은 독자의 흥미를 끄는 낱말과 문장으로 짓기 때문에 글쓰기 소재로 활용하기에 좋습니다.

○ 놀이 정보 한눈에 보기

대상	초등학교 3학년 이상
대형	개별 활동
성취기준	[4국03-01] 중심 문장과 뒷받침 문장을 갖추어 문단을 쓰고, 문장과 문단을 중심으로 고쳐 쓴다. [4국03-05] 자신의 쓰기 과정을 점검하며 쓰기에 자신감을 갖는다.
준비물	필기도구, 책 여러 권, 활동지

○ 준비하기

참여자 수만큼 활동지를 출력합니다. 활동 장소는 다양한 책이 있는 학교 도서관이나 학급 문고가 있는 교실이 좋습니다. 학교 도서관은 나이대에 맞는 책들을 자유롭게 탐색할 수 있습니다. 사전에 학교 도서관을 방문하여 동화가 배치된 청구기호 800번대의 위치를 확인해 두면, 놀이 진행에 큰 도움이 됩니다.

만약 학교 도서관이나 학급 문고 이용이 어렵다면, 아이들이 각자 책 1~2권을 가져와도 좋습니다. 아이들은 자신이 좋아하는 책이나 흥미로운 주제를 선택할 수 있어, 더 적극적으로 놀이에 참여합니다.

○ 놀이 방법

❶ 활동지를 1장씩 나누어 줍니다.
❷ 아이들은 도서관 서가를 돌아다니며 다양한 책 제목을 주의 깊게 살펴봅니다.
❸ 각자 이야기로 만들 책 4권을 선택합니다.

❹ 선택한 책의 제목을 바탕으로 자신만의 이야기를 상상하고 작성합니다.

❺ 각자 만든 이야기를 발표하고, 투표를 통해 최고의 스토리텔러를 선발합니다.

○ 놀이하기

초등학교 4학년 아이들을 대상으로 학교 도서관에서 놀이하였습니다. 사전에 아이들과 도서관을 탐색하며 동화, 그림책이 주로 모여 있는 곳이 어디인지 파악했습니다. 재치 있는 책 제목이 많은 동화와 그림책을 적극적으로 활용하도록 했습니다.

본격적으로 놀이를 시작하면 책을 고르는 데 시간을 전부 쓸 수 있으므로, 모니터에 제한 시간을 띄워 아이들이 효율적으로 활동하도록 했습니다. 제한 시간이 끝나면 아이들에게 선택한 책을 가지고 자리에 앉도록 안내하였습니다.

활동지에는 책 제목과 작가, 출판사 같은 서지정보를 작성합니다. 책 라벨이 가려져 있어 서지 정보가 보이지 않을 때는 어떻게 찾아야 하는지 추가 설명도 했습니다. 보통 앞표지, 책등, 판권지 등에서 필요한 정보를 얻을 수 있습니다.

그 후에는 상상력을 동원하여 이야기를 만듭니다. 어려워하는 아이들에게는 '인물', '사건', '배경' 중 하나에 집중하도록 하여 상상력을 자극했습니다. '인물'에 대해 질문을 던지거나, '사건' 전개에 대해 힌트를 주면, 아이들이 이야기를 구성하는 데 도움이 됩니다.

이야기를 만들어 낼 때는 최대한 구체적으로 묘사하도록 안내했습니다. 누군가에게 이야기를 소개할 때는 머릿속에 있는 장면을 그림 그리듯이 표현해야 합니다. 이 과정에서 꾸밈말이나 비유를 사용하여 이야기를 더욱 풍부하게 만들 수 있습니다. 예를 들어, "그는 빠르게 달렸다."라는 문장 대신 "그는 바람처럼 빠르게 달렸다."라고 하여 아이들이 더 창의적으로 사고할 수 있도록 격려했습니다.

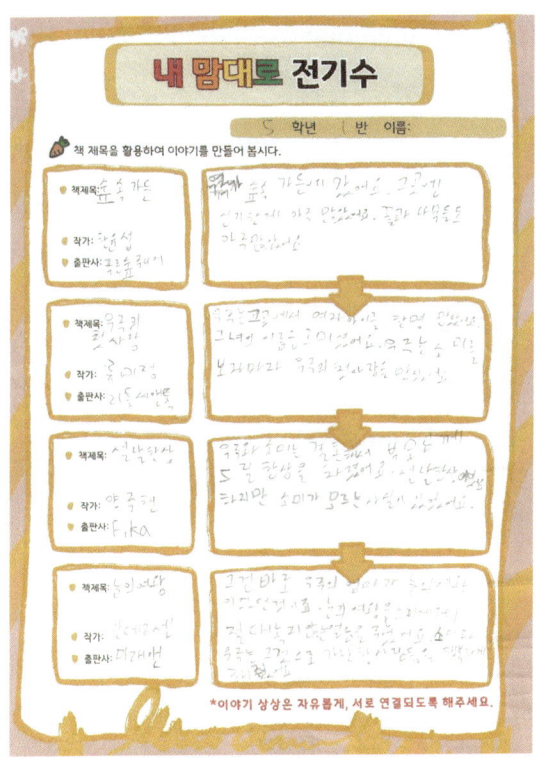

아이들이 찾은 책 제목과 직접 만든 이야기

이야기를 모두 만들면 각 모둠원은 순서대로 돌아가면서 자신들의 이야기를 들려주고, 가장 재미있는 이야기를 들려준 모둠 대표를 선정합니다. 대표 선정을 어려워한다면 간단한 선정 기준을 제시해도 좋습니다. 예를 들면, '이야기 간 연결성', '이야기의 매력'과 '독창성' 등을 기준으로 할 수 있습니다.

모둠 대표로 선정된 아이는 반 전체에 자신의 이야기를 발표합니다. 발표가 끝난 후, 어떤 이야기가 가장 매력적이었는지 다시 투표하여 우리 반 최고 전기수와 이야기를 선정했습니다.

수업이 끝난 후에는 아이들이 쓴 이야기(글)와 해당하는 책을 함께 전시해도 좋습니다. 전시 공간은 교실 한쪽이나 복도 등 아이들이 쉽게 접근할 수 있는 곳에 마련하여, 자연스럽게 관람하고 함께 이야기 나누도록 했습니다.

04 짜깁기 소설가

▲ 도움 PPT

책 속 문장을 가지고, 새로운 이야기를 만드는 놀이입니다. 긴 글 동화책으로 진행하는 온책 읽기 활동의 읽기 전 활동으로 쓰기 좋습니다. 참여자가 각자 다른 책으로 놀이하면 예측 불가능한 이야기 전개를 기대할 수 있습니다. '책 만들기' 활동을 진행 중인 학급은 이 놀이로 '뒷이야기 짓기' 또는 '다른 결말 짓기' 활동을 진행할 수 있습니다.

○ 놀이 정보 한눈에 보기

대상	초등학교 4학년 이상
대형	모둠 활동
성취기준	[2국02-01] 글자, 단어, 문장, 짧은 글을 정확하게 소리 내어 읽는다. [4국01-02] 원인과 결과의 관계를 고려하여 내용을 예측하며 듣고 말한다. [6국02-05] 긍정적인 읽기 동기를 형성하고 적극적으로 읽기에 참여하는 태도를 기른다.
준비물	각자 다른 동화책

○ 준비하기

첫 문장을 미리 준비합니다. "나의 하루가 시작되었다."와 같이 보편적인 문장이면 좋습니다. 이어 쓰기 좋은 문장이되, 조금씩 변화를 주어 흥미를 돋워도 됩니다.

예시 문장

- 나의 하루가 시작되었다.
- 오늘은 학교에서 특별한 일이 일어날 것 같은 기분이 든다.
- 교문 앞에 내 친구가 지나가고 있었다.
- 어디선가 이상한 소리가 울려 퍼졌다.
- 나는 꿈에서 길을 걷고 있었다.
- 수상한 마법사가 나에게 말을 걸었습니다.
- 작고 귀여운 요정이 창문을 두드렸습니다.
- 할머니는 나에게 옛날 옛적 이야기를 해 주기 시작했습니다.
- 오늘은 일요일이다.
- 숲속에서 신비한 동물을 만났습니다.
- 우리는 바닷가에서 보물을 발견했습니다.

○ 놀이 방법

① 제한 시간 동안 동화책 1권씩을 자유롭게 가지고 옵니다.

② 선생님이 첫 문장을 제시합니다.

③ 아이들은 각자 가지고 온 책에서 이어질 문장을 찾습니다.

④ 이어질 문장을 찾은 학생은 재빨리 손을 들고 문장을 읽습니다.

⑤ 다른 학생이 다시 이어질 문장을 읽으며, 주어진 시간 동안 우리 반의 릴레이 소설을 만듭니다.

⑥ 자연스럽게 연결되는 문장을 발표하면 해당 참여자가 속한 모둠에 점수를 줍니다. 자연스럽게 연결되지 않는 문장을 발표하면 해당 참여자가 속한 모둠에 점수를 차감합니다.

⑦ 가장 많은 점수를 획득한 모둠이 승리합니다.

○ 놀이하기

문장을 수월하게 읽을 수 있는 연령부터 가능한 놀이입니다. 여기서는 초등학교 4학년 아이들을 대상으로 진행했습니다. 먼저 아이들에게 긴 글이 많은 동화·소설책을 가져오라고 안내합니다. 활동에 쓰기 어려운 학습만화, 지식도서(역사책, 환경책 등), 사전, 도감, 문장이 적은 저학년 그림책은 놀이 진행이 어렵기 때문에 제외했습니다. 아이들이 책을 가져오면 선생님이 한번 확인합니다. 학교 도서관을 활용할 경우, 문학을 뜻하는 분류 번호 800번대의 책을 가져오라고 하면 쉽게 이해합니다.

　5분 정도 책을 훑어볼 시간을 주고 선생님이 첫 문장을 제시하며 놀이의 시작을 알립니다. 이후 놀이에 긴박함을 주기 위해 타이머를 반복적으로 사용했고, 30초 안에 어울리는 문장을 찾으면 추가 1점을 주었습니다. 자연스럽게 이어지는 문장이 아닐 경우, 0.5점을 차감하였고, 애매한 문장은 0.1점을 차감했습니다.

손을 들고 발표할 때는 타이머를 멈추었습니다. 다른 친구의 발표를 모범적으로 경청하는 모둠에는 특별 보너스를 1점씩 주었습니다. 제한 시간 동안 가장 많은 점수를 획득한 모둠에 칭찬 박수를 쳐 주며 마무리하였습니다. 만약 이야기가 미완성으로 마무리되었다면, 미완성인 글의 마지막 문장을 다음 놀이 때 이어서 쓸 첫 문장으로 활용하였습니다.

점수 계산이 번거롭다면, 점수제 없이 진행할 수도 있습니다. 이 경우에는 모둠보다 개별 놀이로 진행하는 것이 편합니다. 선생님이 제시한 첫 문장과 어울리는 문장을 찾으면 손을 들어 발표하는데, 다시 여기에 이어질 문장을 찾은 아이가 릴레이로 손을 들어 발표를 이어 갑니다. 선생님은 누가 먼저 손을 들었는지, 아이들이 제시한 문장이 자연스럽게 이어지는지 확인합니다. 이렇게 진행하면 10분 동안 긴박하고 재미있는 놀이를 할 수 있습니다.

온책 읽기 전 활동으로 해도 좋습니다. 놀이 중간에 아이들이 책 속에 나오는 문장을 수시로 훑어보기 때문에, 책 속의 문장으로 책 내용을 짐작하는 읽기 전 활동을 놀이로 먼저 경험할 수 있습니다.

○ 유의 사항

- 첫 문장은 보편적인 문장을 선택합니다.
- 긴박한 분위기를 조성하여 릴레이가 신속하게 이어지도록 합니다.
- 온책 읽기를 준비하고 있다면, 해당 책의 첫 문장으로 놀이 하여 온책에 대한 아이들의 흥미를 먼저 높일 수 있습니다. 책이 챕터별로 이루어져 있다면 챕터별 첫 문장을 살펴보는 것도 하나의 방법입니다.
- 온책 읽기 전 활동으로 추천합니다. 읽기 후에 하면 선생님이 제시한 첫 문장의 위치를 찾는 데 초점이 맞춰져 놀이 의도와 빗나갈 수 있습니다.

참고자료

『나는 이야기입니다』 (소원나무, 2023)
글쓰기 시작에 어울리는 그림책입니다. 이야기는 언제, 어디에나 존재한다는 내용을 담고 있습니다. 글쓰기를 어렵게 느끼는 아이에게 읽히기 좋습니다.

『내가 만드는 1000가지 이야기』 (국민서관, 2018)
이야기를 3등분 한 책입니다. 책의 각 페이지를 넘겨 [처음 - 중간 - 끝]의 이야기 흐름을 직접 정하면서 이야기 만들기의 즐거움을 느낄 수 있습니다.

『책 먹는 여우』 (주니어김영사, 2001)
책을 너무 좋아해서 후추와 소금을 뿌려 실제로 책을 먹는 '여우 아저씨'가 주인공인 책입니다. 주변 책을 모두 먹어 버리자 자신이 먹을 책을 직접 만들어 출판까지 하게 되는, 책에 대한 흥미를 불러일으키는 이야기입니다.

05
책 탐정 놀이

▲ 도움 PPT   ▲ 활동지

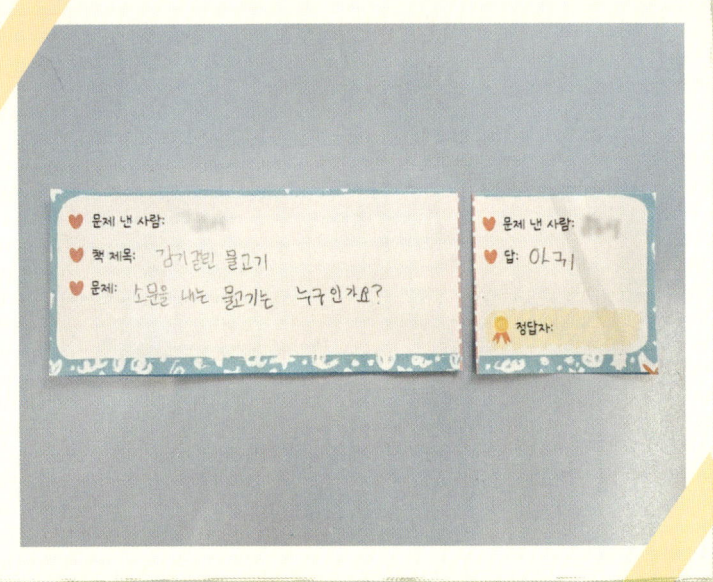

탐정이 되어 책 속에 숨겨진 퀴즈를 푸는 놀이입니다. 독서 퀴즈를 시도하고 싶지만, 독서 골든벨은 부담스러운 선생님에게 추천합니다. 독서 질문 만들기를 어려워하는 아이들, 특히 책을 꼼꼼하게 읽기 어려워하는 아이들에게 효과적인 놀이입니다. 더불어 아이들이 직접 낸 독서 질문을 재활용하여 또 다른 독서 활동을 기획할 수 있다는 장점이 있습니다.

○ 놀이 정보 한눈에 보기

대상	초등학교 2학년 이상
대형	모둠 활동(8명 이상)
성취기준	[4국05-05] 재미나 감동을 느끼며 작품을 즐겨 감상하는 태도를 지닌다. [6국02-05] 긍정적인 읽기 동기를 형성하고 적극적으로 읽기에 참여하는 태도를 기른다.
준비물	타이머, 문제지, 책

○ 준비하기

아이들이 채워야 하는 활동지 항목

놀이 전에 독서 질문 만드는 법에 대한 수업을 진행하면 더 좋습니다. 만약 독서 질문을 만드는 것이 익숙하지 않더라도 아이들에게 몇 가지 방법을 안내하면 원활한 놀이 진행이 가능합니다.

터무니없는 문제가 나오는 경우도 있으니, 이를 예방하기 위해 규칙을 추가할 수 있습니다. 첫째, 아무도 맞히지 못하는 문제는 지양해야 합니다. 둘째, 가장 잘 만든 문제를 뽑아 보너스 점수를 줍니다.

책 고르기에 익숙지 않은 아이들이라면 놀이에 활용할 책들을 사전에 정해도 괜찮습니다. 혹은 특정 교과 주제와 관련된 책으로 한정해도 됩니다. 문제 출제가 완료된 책들을 모아 두면 좋은데, 보관 장소(넓은 책상 등)도 미리 지정해야 합니다.

○ 놀이 방법

❶ 제한 시간(20분) 동안 책을 읽고 문제지에 문제를 냅니다.

❷ 문제를 낸 후에는 점선을 따라 찢어서 문제지는 책 사이에 끼우고 정답지만 잘 보관합니다. 책은 원래 지정된 장소에 모아 둡니다.

❸ 쌓아 놓은 책들 중 일부를 가져와서 자신의 모둠 책상에 늘어놓습니다.

❹ 10~15분 동안 다른 모둠으로 가서 책을 읽고 퀴즈를 풉니다.

❺ 문제의 정답은 출제자를 찾아가서 확인합니다. 정답을 맞혔다면 정답지는 정답자가 잘 챙기고, 맞힌 문제지와 책은 헷갈리지 않도록 따로 분리합니다.

❻ 제한 시간이 끝나면, 정답지를 가장 많이 모은 모둠이 승리합니다.

○ 놀이하기

초등학교 3학년 아이들과 함께 놀이해 보았습니다. 놀이 전에 독서 질문이 무엇인지 알아보고, 독서 질문 만들기 연습을 1차시에 진행했습니다.

아이들에게 놀이 방법을 설명하고 문제지를 넉넉히 준비해 자유롭게 가져가도록 하였습니다. 정답지는 놀이가 끝날 때까지 꼭 가지고 있고, 문제지는 책 사이에 끼워 지정된 장소에 보관하도록 안내했습니다.

제한 시간 20분 동안 아이들은 집중력을 최대한 발휘하여 문제를 만들었습니다. 문제가 다양할수록 놀이가 재밌기 때문에 시간을 넉넉하게 줘도 됩니다. 3학년 아이들은 그림책 위주로 읽고 문제를 내었습니다. 학년별 수준에 따라 놀이에 활용할 책을 몇 권 추천하기도 했습니다.

책 사이에 문제지를 끼우고, 한곳에 모아 두었다.

이런 식으로 지정된 장소에 책들이 쌓이기 시작했습니다. 문제지는 꼭꼭 숨겨 두기보다는 책갈피처럼 보이게 끼워 놓도록 안내했습니다.

출제를 마치고 15분 동안 문제를 풀었습니다. 굳이 시간 제한을 두지 않고 책상 위에 있는 책들이 모두 사라지면 놀이를 종료해도 됩니다. 만약에 끝까지 해결하지 못한 문제가 있다면 아이들과 다 함께 풀어봐도 좋습니다. 아이들이 만든 독서 퀴즈는 이후에 독서 골든벨 등 더 큰 규모의 놀이에서 다양하게 활용할 수 있습니다.

○ 유의 사항

- 초등 저학년의 경우 20분 동안 여러 권의 책을 읽을 수도 있습니다. 고학년의 경우 두꺼운 책 1권을 조금 훑어볼 수 있을 정도의 시간입니다.
- 우리 모둠의 문제가 아니라 다른 모둠의 문제를 풀어야 합니다.
- 모두가 볼 수 있도록 타이머를 컴퓨터 화면에 띄워 놓으면 긴박한 분위기가 더해집니다.
- 참여자 수가 적으면 개별 놀이도 가능합니다.
- 고학년일수록 문제 푸는 속도가 빠르기 때문에 출제 시간을 늘립니다.

참고자료

『질문하는 독서의 힘』 (북바이북, 2020)

책을 읽으면서 질문을 찾는 법, 독서 모임을 위해 논제를 탐색하는 법 등이 쉽고 자세하게 나와 있는 책입니다. 아이들과 '질문하는 독서 활동'을 준비할 때 유용합니다.

어휘력으로 문해의 기초를 다지는
문해력 놀이 30

1판 1쇄 발행 2025년 10월 24일

지은이 문지영, 강서형, 김지원, 박지현, 수현
펴낸이 한기호
책임편집 송원빈
편집 서정원, 박예슬, 이선진
본부장 어문주
마케팅 윤병일, 신세빈
경영지원 김윤아
디자인 북디자인 경놈
인쇄 예림인쇄
펴낸곳 (주)학교도서관저널
출판등록 제2009-000231호(2009년 10월 15일)
주소 04029 서울시 마포구 동교로 12안길 14(서교동) 삼성빌딩 A동 3층
전화 02-322-9677
팩스 02-6918-0818
전자우편 slj9677@gmail.com
홈페이지 slj.co.kr

ISBN 978-89-6915-194-0 03370
ⓒ 문지영, 강서형, 김지원, 박지현, 수현 2025

· 이 책은 저작권법에 따라 보호를 받는 저작물이므로 무단 전재와 무단 복제를 금합니다.
· 책값은 뒤표지에 있습니다.